고전, 영어를 만나다

송현진 . 이동춘

nobook

Contents

추천하는 글

『단단한 얼음은 하루아침에 만들어지지 않는다』는 주역 곤(坤)괘에 나오는 글이 있습니다. 매일 아침에 내린 서리가 계속 쌓여 오랜 시간이 지난 뒤 비로소 단단한 얼음이 만들어진다는 것이지요. 『시간의 축적』은 우주가 존재하는 방식입니다.

저자 열락(悅樂) 송현진은 매주 월요일 새벽 6시에 동양 고전을 읽는 축적의 시간을 가졌습니다. 이른 아침에 기쁘고(悅) 즐겁게(樂) 고전을 마주하였기에 훈장인 제가 열락(悅樂)이라고 제호(題號)하였습니다. 그 결과로 이번 책이 나오게 되었습니다.

평생 고전을 전공한 사람으로 이 책을 읽으면서 공자의 생각을 다른 각도에서 볼 수 있었습니다. 영어로 사서(四書)를 읽는다는 것은 라틴어를 한글로 읽는 것 이상의 다른 해석학이기 때문입니다. 이런 새로운 시도가 동양 고전을 읽는 다양한 시각을 갖게 해 주는데 큰 도움이 될 것이라 생각됩니다.

나아가 동양과 서양의 문화적 차이를 이해하는데도 새로운 길을 열어줄 것이라 생각합니다. 인류는 어려운 상황을 만날 때 마다 고전을 재해석하여 새로운 길을 찾아왔습니다. 불확실성의 시대, 우리 앞에 놓인 수많은 문제를 풀어 가는데 이 책이 큰 도움이 될 것입니다. 지금까지 한국인으로서 시도해 보지 않았던 영어와 고전의 만남, 고전 해석의 다양성을 여는 새로운 문이 될 것입니다.

박 재 희 (동양철학자)

중국음식에 땅에서 나는 세가지 보물인 가지, 감자, 피망으로 만든 "지삼선"이라는 음식이 있는데 본 저서는 세가지 보물을 독자에게 제공합니다.

첫째 보물은 동양과 서양의 지혜이고, 둘째 보물은 동서양 사고의 크로스오버라는 확장적 사고이고, 세째는 지혜와 더불어 글로벌 양강 언어인 영어와 중국어의 학습이라는 보물입니다.

이 세가지 보물을 동시에 제공하는 이 책을 저는 "책삼선"이라고 칭하고 싶으며, 글로벌 시대를 사는 우리들에게 필독서라 생각됩니다.

이 동 훈 (동아에스티 글로벌 사업 총괄 부사장)

신기하리만큼 맞닿아 있는 동서양의 사상과 철학을 음미하는 것도 흥미로운데, 거기에 고급스러운 영어 표현까지 배워볼 수 있다니 그야말로 금상첨화이네요.

영어를 머리로 배우고 외우는게 아니라 가슴으로 느끼고 새기니 잊혀지지가 않습니다.

하루한번 자신을 되돌아보는 시간과 자연스럽게 영어를 익힐 수 있는 기회를 절대 놓치지 마십시오.

이 재 용 (KBS 아나운서팀장)

동서양의 고전적 지혜를 영어로 표현해 낼 수 있다면 그 사람은 단순히 영어를 잘하는 사람을 뛰어 넘어서 대단히 교양있는 사람으로 인정받을 것입니다.

고전을 읽는다는 그 자체만으로도 가슴이 설레이는데 그 깊은 의미를 영어표현으로 다시 음미하는 호사스러움에 인문학적 감성이 배가 되는 느낌입니다.

고전과 영어라는 결코 어울릴 것 같지 않은 무거운 두 주제를 저자만의 감성과 스킬로 편하게 풀어나가고 있어 저자의 의도대로 고전을 읽어 내려가면서 자연스럽게 몸에 베이게 되는 지혜와 고급스러운 영어표현은 여러분의 삶을 더욱 풍부하게 하고 성공의 길로 안내할 것입니다.

.... **이 용 운** (변호사, 전 서울중앙지방법원 판사)

I like this book not only because of the great content, but also because of the heart behind it. I have had the pleasure of working on a daily basis with Jeannie. I know the care and consistency of her writing. I know the detail that she pays attention to I know the great examples that she uses. And most of all, I know that the content is not something she is looking at from the outside, but indeed wants to make it part of her life.

It's nice to study fine phrases. It's nice to examine quaint quotes. But making them a part of your life is a challenge. Following a virtuous path when faced with challenges is truly difficult.

I would not only like to vouch for the content of this book, but more importantly for the content of 송대표님s character. She is very generous, very kind, and very caring. She cares a lot about what she is writing and she wants those around her to understand how important this content is. There is an expression, "enthusiasm is contagious." If you have a chance to meet Jeannie you will understand how much this book is an extension of her and her family.

I wish this book great success! I will be studying it as well because I always need to improve my Korean and I want to improve my life.

I wish health and happiness always to all of the readers.

Isaac Durst

Prologue

어느 월요일 아침. 공자의 《논어 (論語)》 첫 수업을 마치고 사무실로 향하는 출근길에서의 가슴 벅찬 느낌을 나는 아직도 잊을 수가 없습니다. 배움에서 오는 진정한 가슴 벅찬 기쁨을 마흔 하나가 되던 그 해에 생애 처음 느꼈기 때문입니다.

직장생활 15년, 사업 11년을 쉼 없이 달려오면서 나에게 버팀목이 되어 주었던 가장 큰 힘은 역시 배움이었습니다. 3년간 매주 월요일 새벽 6시, 석천 박재희 교수님과 사서삼경 동양고전을 원서로 공부하던 그 시절이 살아오면서 가장 즐거웠던 때가 아니었을까 싶습니다.

영문학도였던 내가 승무원으로 근무하다가 유럽계 IT회사로 산업군을 바꾸어 이직을 할 수 있었던 것도, 또한 국내 기업에서 팀을 맡아 비즈니스를 하다가 독립하여 사업을 할 수 있었던 것도 모두 배움을 손에서 놓지 않았던 덕분이었다고 생각합니다.

2013년 중소기업관련 협회 활동을 할 때, 많은 중소기업 사장들이 영어를 배우고 싶어도 시간이 여의치 않다는 것을 알고, 3년동안 실생활에 유용한 영어표현을 고전과 접목하여 커뮤니티에 올렸는데 많은 분들이 도움이 되었다고 말해주고 응원해주시기 시작했습니다.

다들 영어는 잘하고 싶지만, 문법의 틀에 갇혀서 회화에 어려움을 겪는 걸 보면서 안타깝다고 느낀 적이 한 두번이 아니었습니다. 실상 어학연수를 하고도, 심지어는 외국에서 석 · 박사를 했어도, 외국계 기업에 근무하는 사람들도 영어 잘하는 사람들이 많지 않은 것이 현실입니다.

이 책에 나온 표현과 예문을 소리내어 읽다 보면 자연스럽게 내 지식으로, 내 표현으로 만들 수 있습니다. 영어는 원어민처럼 완벽한 문법이나 유창한 발음으로 해야 할 필요는 없다고 생각합니다. 모국어가 아니니까요. 이제 그런 부담감을 털어버리고 자신 있게, 부담없이 영어에 도전하고 즐기시기 바랍니다.

열심히 학교, 학원을 다니며 공부하는 학생이나 직장인, 경영인 등 남녀노소 할 것 없이 쉽게 접할 수 있고, 매일 나를 한번씩 되돌아보고 생각을 하게 하는 그런 좋은 명상집이 되었으면 합니다.

2019년 봄을 기다리며 송 현 진

올해의 트렌드 중 하나는 뉴트로(New-tro)인 것 같습니다. New-Retro의 합성어인데 굳이 해석을 하자면『신세대를 위해 재해석한 복고』라고 하면 되지 않을까요? 디지털 세대를 중심으로 무언가 밀어 부친다고 느낄 정도의 빠른 속도감에 피로감을 느끼니까 오히려 아날로그적인 것에서 평안함을 느끼는 사람들이 늘어나고 있는 거죠. 장롱에서 아버지, 할아버지가 쓰던 낡은 필름카메라를 꺼내 들고 다니며 촬영을 하기도 하고, 해외 직구까지 해가며 옛 카메라를 구입하기도 합니다

New-tro를 고전으로는 어떻게 표현을 하면 좋을지 생각해 보다가《논어》의 위정편 (爲政篇)에 있는 온고이지신 (溫故而知新) 가이위사의 (可以爲師矣)라는 말이 떠 올랐습니다.『옛 것을 잘 행하고, 거기에 새로운 것도 알면 남의 스승이 될 수 있다』.

고전은 불변의 진리입니다. 논어만 해도 2000년전에 쓰여진 책 임에도 불구하고 지금까지도 흔히 적용되거나 활용되고 있습니다. 이런 동서양의 고전을 영어와 접목하여 잘 전달하기란 쉬운 일은 아니었습니다. 고전과 영어를 결합하는 노력을 하면 할수록 좀더 이해하기 쉽게 서양 사람들이 사용하는 일상생활의 표현으로 예를 들어줄 필요성을 느끼게 되었습니다.

주변에서 영어를 어렵게 생각하고 있는 분들이 많습니다. 필자 역시 한국에서 문법위주의 주입식 영어를 배운 사람이어서 영어회화를 필요로 하는 초창기에는 많은 어려움을 겪었습니다. 회사에서 면접을 진행해 보면, 어학연수를 다녀오고, 토플 · 토익 성적 상위자라고 해도 막상 영어로 질문을 하면 말을 못 알아듣거나 상투적인 외운 표현들만으로 대응하는 분들을 보면 많이 안타깝다는 생각이 들었고, 해외 전시회에 직원들과 같이 가보면 입도 벙긋하지 못하는 경우를 수없이 보면서 가슴 아팠던 적도 있었습니다.

그래서 매일 한 줄이라도 실생활에 도움이 되는 영어회화와 삶의 활력소나 위안이 될 수 있는 고전을 함께 다루어 보고 싶다는 생각에서 아내와 머리를 맞대고 커뮤니티에 글을 올리기 시작하자 주변에서 많은 도움과 격려가 쏟아졌습니다.

사랑하는 딸의 탄생을 기념하여 의미 있게 내게 된 이 책이 좀더 많은 사람들에게 도움이 되고, 책의 수익은 또 다른 좋은 의미로 쓰일 수 있다면 그것으로 행복할 것 같습니다.

2019년 봄을 느끼며 이 동 춘

Chapter 1

“사서삼경 영어를 만나다”

(대학, 중용, 논어, 맹자, 시경, 서경, 역경)

학이불사즉망 (學而不思則罔)
사이불학즉태 (思而不學則殆)

배우기만 하고 생각하지 않으면 얻는 것이 없고,
생각만 하고 배우지 않으면 위태롭다.

나쁜일은 모두 가져가라.
새벽녘 인천공항을 지나면서 보이는
저 많은 솟대들에 외쳐본다. … photo & essay by 才全

Slow and steady wins the race.

더디더라도 천천히, 그리고 꾸준히 하는 자가 이긴다는 뜻입니다.
이솝우화《토끼와 거북》와 관련된 이야기죠.

우리 속담에도『느릿느릿 걸어도 황소걸음』이라는 말이 있습니다.
신중함과 결단력이 성공으로 이끈다는 것을 의미하고 있습니다.
(If you work slowly but constantly, you will succeed better than if you work fast for a short while and do not continue.)

✽ 이 속담과 관련된《논어》자한편 (子罕篇) 9장 18편에 나오는 공자의 말씀을 같이 보시죠.

- **자왈 (子曰)**
  비여위산 (譬如爲山)에
  미성일궤 (未成一簣)하여
  지 (止)도 오지야 (吾止也)며
  비여평지 (譬如平地)에
  수복일궤 (雖覆一簣)나
  진 (進)도 오왕야 (吾往也)니라

공자께서 말씀하셨다.『이를테면 산을 만드는데 흙 한 삼태기를 덜 부어 완성하지 못하고 멈추는 것도 내가 멈추는 것이고, 이를테면 평지에 겨우 흙 한 삼태기를 부었다고 할지라도 계속 부어 나아가는 것 역시 내가 부어 나아가는 것이다.』

일을 시작하고 그것을 꾸준히 이어나가 마무리를 지어 온전히 이루는 것의 중요함을 공자는 이 구절을 통해 이야기하고 있습니다.

말콤 글래드웰의 저서《아웃라이어》에 나오는 1만시간의 법칙. 어느 분야에서 무엇을 하던지 10년동안 하루 3시간씩 (1만시간) 꾸준히 하면 전문가가 된다는 법칙 또한 다시 한번 새겨보면서 자기가 하는 일, 배우는 것에 대해 꾸준함, 성실함을 다잡을 수 있는 기회가 되었으면 합니다.

Never too old to learn.

『배움에 늦은 나이는 결코 없다』는 뜻의 속담입니다. 문장 앞에 "You are"가 생략되어 있습니다.

즉, 사람은 나이에 상관없이 새로운 것을 배울 수가 있으니 원하는 바, 꿈을 쫓으라는 의미를 담고 있습니다. 더 이상의 설명이 필요 없겠지요?

✽《논어》 학이편 (學而篇) 첫 장에 바로 배움에 관한 문구가 나옵니다.

- 학이시습지 (學而時習之)면
  불역열호 (不亦說乎)아

  유붕자원방래 (有朋自遠方來)면
  불역낙호 (不亦樂乎)아

  인부지이불온 (人不知而不慍)이면
  불역군자호 (不亦君子乎)아

  배우고 그것을 때때로 익히면 기쁘지 않겠는가
  벗이 먼 곳에서 찾아온다면 즐겁지 않겠는가
  사람들이 알아주지 않더라도 서운해 하지 않는다면 군자가 아니겠는가

배움에서 진정한 내면의 기쁨 (說)을, 인간관계에서 즐거움 (樂)을 추구하는 열락군자 (說樂君子)의 도에 대해 얘기를 하고 있습니다.

여기에서 붕 (朋)은 단순한 친구가 아니고 배움 (學)을 위하여 뜻을 같이하는 사람을 의미합니다.

배움은 나이와 상관없이 끝도 없는 것입니다. 삶의 보람과 존재의 가치를 찾고 변화의 시대에 대처해 나가기 위해서는 평생 새로운 지식을 계속 배우고 또 배워야 할 것입니다. 잊지 마세요. "Never too old to learn!"

You can't judge a book by its cover.

『우리말에 사람을 겉만 보고 판단하지 말라』 라는 말이 있지요.
『뚝배기보다 장맛이다』 라는 재미있는 속담도 있습니다.

예문입니다.

She doesn't look very intelligent, but you can't judge a book by its cover.

(그녀는 전혀 지적으로 보이지 않아. 하지만 겉모습만으로 판단을 하면 안되지)

우리는 사람을 대할 때 겉으로 보이는 모습, 그리고 주변사람들의 그 사람에 대한 평가에 치중하여 선입견을 가지게 되는 우를 종종 범하게 됩니다.

✽《논어》 위령공편 (衛靈公篇)에 이런 말씀이 있습니다.

- **증오지 (憎惡之)라도, 필찰언 (必察焉) 하고**
  모두가 그를 나쁘게 말하더라도, 반드시 그에 대해서 살펴보아야 하고,

  증호지 (憎好之)라도, 필찰언 (必察焉)이니라
  모두가 그를 좋게 말하더라도, 반드시 그에 대해 살펴보아야 한다.

소문이나 여론, 또는 겉으로 보이는 모습으로 사람의 면목을 헤아릴 수는 없고, 직접 겪어보기 전에 사람에 대해 판단을 하는 것만큼 위험한 것은 없다는 뜻이지요. 늘 명심해야 하겠습니다.

Do to others as you would be done by.

『내가 남에게 대접받고 싶은 대로 남을 대접하라』

오늘의 영어표현은 성경에서 유래한 속담으로, 인간관계의 황금률 (golden rule) 로 여겨질 정도로 상징적인 표현으로 알려져 있습니다.

세상 살아가다 보면, 내가 하기 싫은 일을 남에게 미루는 예가 종종 있는데요. 내가 하기 싫은 일은 남도 하기 싫은 법이지요. 언제나 처지를 바꿔 이해하려는 역지사지 (易地思之)의 노력이 필요한 것 같습니다.

✽《논어》위령공편 (衛靈公篇)에 **기소불욕 (己所不欲) 물시어인 (勿施於人)** 이란 구절이 나옵니다.

『**자신이 하기 싫은 일은 다른 사람도 마땅히 하기 싫어할 것이기 때문에 내가 원하지 않는 일을 남에게 강요해서는 안된다**』라는 공자의 말씀과도 일맥상통하는 내용입니다.

내가 상대편에게 굽신거리고 싶지 않으면 상대편도 나에게 굽신거리는 것을 바라지 말아야 하는 것처럼 서로의 입장을 이해하고 상대방의 인격을 존중해야 한다는 가르침이 되겠습니다.

탈무드에도『네가 싫어하는 것은 네 이웃에게도 행하지 마라』라고 나와 있으니, 인간관계에 대한 기본 가르침은 동서고금을 막론하고 동일한가 봅니다.

Pride comes/goes before a fall.

pride는 『자랑, 자만, 자존심, 자신감』 등을 의미하는 단어입니다. 『잘난 체하다가 큰 코 다친다』 라는 뜻의 속담입니다. 성서의 잠언(Proverb 16:18) "Pride goes before destruction and an haughty spirit before a fall."이 변형된 형태랍니다. 영국식으로는 'comes', 미국식으로는 'goes'를 사용합니다.

예문으로 연습해 보시죠.

Doing well in your exams doesn't mean you can stop working.
Pride comes before a fall.

(시험을 잘 봤다는 이유만으로 공부를 게을리해서는 안된다. 자만하다 큰 코 다친다)

✲《논어》 태백편 (泰伯篇)에 이러한 문구가 나옵니다.

- 자왈 (子曰),
  여유주공지재지미 (如有周公之才之美)라도
  사교차린 (使驕且吝)이면
  기여 (其餘)는 부족관야이 (不足觀也已)니라

공자께서 말씀하시길, "만일 주공과 같은 훌륭한 재능을 가지고 있더라도, 교만하고 잘못을 고치는데 인색하다면 다른 것은 볼 것도 없다."

즉, 아무리 뛰어난 인재라도 교만하고 겸손하지 않으면 재능은 볼 것도 없다는 말씀으로, 항상 겸허한 자세로 실력을 쌓아야 한다는 교훈입니다.

Better bend than break.

우리 말에 『부러지기 보다는 휘는 것이 낫다』 라는 말이 있습니다.

영어에도 있습니다. 다른 설명보다 아래 글을 함께 읽어 보시면서 의미를 되새기셨으면 합니다.

At times, we need to take a stand.
(때때로 우리는 어떠한 태도나 입장을 취해야 할 때가 있습니다)

But there will be more times when we'll need to bend.
(그러나, 휘어질 필요가 있을 때가 더 많습니다)

Bending means listening to other opinions.
(휘어진다함은 다른 사람의 의견을 경청하는 것을 의미합니다)

Often, we just react instead of listening.
(종종 우리는 경청하기 보다는 반응을 먼저 합니다)

Bending means remembering what's really important.
(휘어진다함은 정말 중요한 것이 무엇인지를 기억하는 것입니다)

Often, we get stubborn just to prove a point.
(종종 우리는 내 주장이 옳음을 증명하기 위해 고집스러워지게 됩니다)

Bending means knowing that, most often, the relationship is more important than the point we want to prove.
(휘어진다함은 내 주장이 옳음을 관철시키는 것보다 더 중요한 건 관계라는 걸 의미합니다)

Bending is about letting go.
(휘어진다함은 내려놓는 것을 말합니다)

Often, what we need to let go of is our self-will.
(종종, 우리는 그 아집을 내려놓아야 할 필요가 있습니다)

If we live only by self-will, we'll eventually break.
(우리가 아집대로만 산다면 결국 우리는 부러지게 될 것입니다)

Self-will is as fragile as fine china.
(그 아집이라는 게 도자기같이 쉽게 깨지는 것이거든요)

We need to be more like Tupperware than fine china.
(우리는 섬세한 도자기보다 튼튼한 플라스틱 용기처럼 되어야 할 필요가 있습니다)

✽《논어》 이인편 (里仁篇)에 이러한 문구가 나옵니다.

- **자왈(子曰)**
  군자지어천하야 (君子之於天下也) 무적야 (無適也) 무막야 (無莫也) 의지여비 (義之與比)

군자는『**일을 하면서 반드시 이렇게 해야만 한다고 고집을 부리지도 않고, 반대로 이렇게 해서는 절대로 안 된다고 주장하는 법도 없다. 다만 그 마땅함을 따를 뿐이다**』라고 했습니다.

마땅함을 위해서는 자기의 잣대만을 절대적 기준으로 삼지 말 것이며, 넓고 유연한 사고를 갖춰야 하며, 열린 마음으로 사물의 균형점을 찾아야 한다는 가르침이니 Better bend than break 와 일맥상통하고 있습니다.

Still waters run deep.

『잔잔한 물은 깊다』 즉,
『생각이 깊은 사람은 말이 없다』 라는 뜻의 속담입니다.

『생각이 깊은 사람은 자신을 드러내지 않는다』 라는 뜻을 내포하고 있습니다.

예문입니다.

Steve : ***I get the impression that Jill isn't very smart. She never says anything.***
(Jill이 아주 똑똑하지는 않다는 인상을 받았어요. 그녀는 한마디도 말을 안 하더군요)

Fran : ***Don't be so sure. Still waters run deep, you know.***
(그렇게 단정하지 마세요. 잔잔한 물은 깊다는 말도 있어요)

✽ 《논어》 학이편 (學而篇)에 속담과 비슷한 맥락의 공자의 말씀이 나옵니다.

- **교언영색 (巧言令色), 선의인 (鮮矣仁)**
  (남이 듣기 좋게 꾸민) 말을 잘하고 표정을 꾸미는 사람 치고 어진 사람이 드물다.

《논어》 자로편 (子路篇)에서는 이렇게 얘기합니다.

- **강의목눌근인 (剛毅木訥 近仁)**
  마음이 강직하고 의연하고, 뽐내지 않고, 입이 무거운 것은 인에 가깝다.

Tighten belt.

어려운 시기에 『허리띠를 졸라매다』 라는 표현이 있지요?
영어로도 똑같은표현을 합니다.

한국어 은유표현이 영어표현과 똑같이 맞아 떨어지는 경우가 종종 있는데 이 표현이 그렇습니다.

예문 보시겠습니다.

I have to tighten my belt since I stopped working full time.
(풀타임 근무를 그만뒀기 때문에 나는 이제 허리띠를 졸라매야 한다)

Things are beginning to cost more and more. It looks like we'll all have to tighten our belts.
(비용은 점점 더 들어가기 시작했으니 우리는 이제 허리띠를 졸라매야 할 것 같다)

✽《논어》 이인편 (里仁篇)에 **이약실지자선의 (以約失之者鮮矣)**라는 공자의 말씀이 있습니다.

『절제 있는 생활을 하면서 잘못되는 경우는 드물다.』

매사에 절약하고, 절제하고, 삼가고, 근신하면, 실수, 실언, 실패, 실례를 줄일 수 있을 것이라는 말씀이지요.

tighten belt 해야 할 때가 오기 전에 미리미리 준비를 하는 현명함이 필요하겠지요. 그래서 우리는 늘 **save for a rainy day** (어려울 때를 대비해서 저축을 함) 해야 할 것입니다.

Bait and switch.

저렴한 제품을 미끼로 내세워 고객을 끌어들인 후 더 비싼 제품을 사도록 유인하는 상술을 말합니다. 한마디로 비윤리적 행위입니다. 우리말로는『유인 상술』,『미끼 상술』이라고도 하지요.

최저가 제품으로 광고를 해 놓고 그 제품을 막상 사려고 하면『품절』인 경우가 바로 그것이지요. bait은『미끼』, switch는『뒤집기』즉, 미끼로 끌어들여(bait) 뒤집기(switch)라고 기억하시면 안 잊어버리시겠죠?

예문입니다.

A : ***They offered the used car at an unbelievable price. Now they say it's sold.*** (그 중고차를 믿을 수 없는 가격에 내놓고는 이제 와서 팔렸다고 하고 있어)

B : ***Sounds like a bait and switch.***(미끼 상술처럼 들리는구만)

경영인과 장사꾼의 차이가 무엇일까요? 개인적으로 저는『기업 윤리(business ethics)』에 있다고 생각합니다. 신뢰를 바탕으로 한 기업 윤리를 지키는 게 최고경영자가 갖춰야 할 기본적인 소양이자 덕목이 아닐까요.

✽《논어》안연편 (顔淵篇)에 자공 (子貢)이 정치 (政治)에 관해 묻자, 공자는『식량을 풍족하게 하고 (足食), 군대를 충분히 하고 (足兵), 백성의 믿음을 얻는 일이다 (民信)』라고 대답하였습니다. 그 중 포기해야 한다면 그것이 무엇이냐는 물음에『예로부터 사람은 다 죽음을 피할 수 없지만, 백성의 믿음이 없이는 (나라가) 서지 못한다. 자고개유사 (自古皆有死) 민무신불립 (民無信不立)』이라고 대답합니다.

무신불립 (無信不立). 정치, 경영, 모든 분야, 그 어떤 인간관계에서도 신뢰와 의리는 가장 중요한 덕목이라고 생각합니다.

I’m on cloud nine.

『날아갈 듯이 기쁘다』 『더할 나위 없이 행복하다』 라는 뜻의 기분좋은 관용구입니다.

예문을 보겠습니다

“Was Helen pleased about getting that job?" "Pleased? She was on cloud nine!”
("헬렌은 그 일자리를 얻어서 좋아했어?" "좋다 뿐이야? 날아갈 듯이 기뻐했어")

She just bought her first new car and she’s on cloud nine.
(그녀는 처음으로 새 차를 사고서는 더할 나위 없이 행복했다.)

살다 보면 가끔씩은 뛸 듯이 기쁜 일이 생길 때도 있고, 죽을 것처럼 슬픈 일이 생길 때도 있지요.

✤《논어》 팔일편 (八佾篇)에 나온 공자의 말씀이 떠오르네요.

『**낙이불음 (樂而不淫) 즉, 즐기되 지나치지 않고, 애이불상 (哀而不傷) 즉, 슬퍼하되 상처받지 말라**』 하였습니다.

사람은 희 (喜), 노 (怒), 애 (哀), 락 (樂)의 감정이 지나치면 마음이 흐려져 사리분별력을 잃게 마련이지요.

사람의 감정도 중용지도 (中庸之道)로서 다스릴 줄 알아야 평정심을 잃지 않는다는 교훈을 주고 있습니다.

Better safe than sorry.

『나중에 후회하는 것보다 지금 조심하는 것이 더 낫다』 라는 뜻의 속담입니다. 나중에 위험을 감수하는 것보다 지금 미리 미리 조심해서 위험한 상황을 만들지 않는 것이 중요하다고 말할 때 쓰는 표현입니다.

예문을 볼까요?

A : ***Should I wear a safety helmet?***
(안전모를 써야 하나요?)

B : ***I think you should. Better safe than sorry.***
(써야 할거야. 나중에 후회하는 것보다 미리 조심하는 게 낫지)

✽《논어》 위정편 (爲政篇)에 자장이 벼슬하는 법을 배우려 하자 공자가 다음과 같이 얘기합니다.

- 다문궐의 (多聞闕疑) 신언기여 (愼言其餘) 즉과우 (則寡尤)
  많이 듣고 의심스러운 것은 제쳐 두고 그 나머지만 신중하게 말한다면 허물이 적을 것이다.

  다견궐태 (多見闕殆) 신행기여 (愼行其餘) 즉과회 (則寡悔)
  많이 보고 미심쩍은 것은 제쳐 놓고 그 나머지만 신중하게 실행한다면 뉘우칠 일이 적을 것이다.

  언과우 (言寡尤) 행과회 (行寡悔) 록재기중의 (祿在其中矣)
  말에 허물이 적고 행동에 과오가 적다면 벼슬이 그 가운데 있을 것이다.

많이 보고, 많이 듣고, 언행은 조심하며, 행동은 신중하게 하라는 말씀이 되겠습니다.

A little learning is a dangerous thing.

우리 속담에 『선무당이 사람 잡는다』 라고 하지요. 불완전한 지식은 사람이나 물건을 곤혹스럽게 만들고 해를 끼친다는 뜻의 속담입니다.

예문 나갑니다.

After Pius read one book on the history of Vietnam, he felt he was an authority on the subject, but he ended up looking like a fool in discussion with people who knew a lot more about it than he did. A little learning is a dangerous thing.

(Pius가 베트남 역사에 관한 책 한 권을 읽고 난 후, 그는 스스로가 그 주제에 관한한 권위자처럼 느꼈다. 그러나 이 주제에 대해 그보다 훨씬 많은 학식이 있는 사람들과의 토론 후, 그는 결국 바보처럼 보이는 결과를 가져왔다. 조금 배운 학식은 위험한 것이다)

✽《논어》 위정 (爲政) 15장에 보면, 이 속담과 관련한 우리가 명심해야 할 문구가 있습니다.

- **학이불사즉망 (學而不思則罔)**
  사이불학즉태 (思而不學則殆)

  배우기만 하고 생각하지 않으면 얻는 것이 없고,
  생각만 하고 배우지 않으면 위태롭다.

즉, 어떤 사안에 대해 공부하되, 이것을 자신의 것으로 소화해야 하며 (學而不思則罔), 어떤 사안에 대해 자신의 생각이 있어도 충분히 연구하고 심화하지 않으면, 독단으로 흘러 어리석음을 저지르는 선무당 꼴이 되어 위험하다 (思而不學則殆)라는 가르침입니다.

Fool me twice, shame on me

Fool me once, shame on you; fool me twice, shame on me

『한번 속으면 네 잘못, 그러나 두 번 속으면 내 잘못』

즉, 『한번 속임을 당하는 것은 속인 사람의 잘못이다. 그러나 똑같은 속임을 또 당한다면 그것은 당신에게 책임이 있다』 라는 뜻을 가진 속담입니다.

(You should learn from your mistakes and not allow people to take advantage of you repeatedly.)

즉, 한번 속았으면 그 실수를 바탕으로 똑같은 실수를 범하지 말아야지 또 같은 일을 당하게 되면 그 잘못은 본인에게 있다는 말이지요.

참고로 그냥 "Shame on you"라고 하면 "부끄러운 줄 알아야지"라는 뜻입니다.

모든 인간은 누구나 실수로 사기를 당하거나, 속거나, 잘못을 할 수는 있는 법입니다. 중요한 것은 그 실수를 바탕으로 교훈을 삼아 같은 실수를 범하지 말아야 한다는 깊은 교훈을 담고 있는 속담입니다.

❇《논어》 옹야편 (雍也篇) 3장에 나오는 말씀입니다.

- **'불천노 불이과' (不遷怒 不二過 · 노여움을 옮기지 않고 잘못을 되풀이하지 않는다)**

'불이과 (不二過)' 와 일맥상통하는 이 문구를 꼭 기억하시기 바랍니다.

Easier said than done.

『말이야 쉽지』 즉 『말하기는 쉬워도 행하기는 어렵다』 라는 뜻의 유명한 속담이지요.

실천을 강조하는 속담은 이 외에도 무수히 많습니다만, 한가지라도 내 표현으로 만들어서 잘 사용하시기 바랍니다.

예문을 볼까요?

The doctor says I should stop smoking but that's easier said than done.
(의사가 나보고 금연을 하라는 데 그게 말처럼 쉽지 않지)

Opening a branch office in China is easier said than done because of all the government regulations.
(중국에 지사를 설립하는 것은 온갖 정부 규제 때문에 말은 쉬워도 막상 행하기는 어렵다)

✽《 논어》 이인편 (里仁篇)에 이런 공자말씀이 있습니다.

- **고자 (古者) 언지불출 (言之不出) 치궁지불체야 (恥躬之不逮也)**

『옛 사람이 말을 함부로 내지 않는 것은 몸소 실천함이 말에 미치지 못할까 부끄러워 했기 때문이다』 라는 뜻으로, 말만 앞세우고 행동이 따르지 못하는 것을 이르고 있습니다.

말은 늘 함부로 내뱉지 말고, 일단 내뱉은 말은 책임을 지는 신중함이 몸에 배도록 노력해야 할 것입니다.

Go home and kick the dog.

『집에 가서 개를 걷어찬다』 무슨 뜻일지 감이 오시죠?

엉뚱한 데 화풀이를 하는 경우를 이르는 속담으로, 우리말에 『종로에서 뺨 맞고 한강에서 눈 흘긴다』는 말에 해당하는 표현입니다.

동서양 정서의 반영인지, 우리는 소심하게 혼자 화풀이를 하는 반면, 서양에서는 불쌍한 개를 걷어차다니 좀 과격하네요. 쉽게 잊어버려지지 않을 표현이죠?

✽《논어》 옹야편 (雍也篇)에 **불천노 (不遷怒) 불이과 (不貳過)**라는 말이 나옵니다. 앞에서도 잠시 언급했던 내용입니다.

공자가 제자 안회에 대하여 이야기하기를, 『안회는 호학 (好學)할 뿐만 아니라, 그의 인품은 불천노 (不遷怒) 불이과 (不貳過) 즉, 화를 남에게 옮기지 아니하고, 실수를 되풀이하지 않는 사람』이라고 하였습니다.

앞 구절 **불천노 (不遷怒)는 자기의 성남, 화남을 다른 사람에게 옮기지 않는다는 뜻**입니다.

뒤의 구절 **불이과 (不貳過)는 실수는 누구나 할 수 있지만, 같은 실수를 자꾸 되풀이하지 않아야 한다는 뜻**이지요. 불천노, 불이과. 참으로 실천이 쉽지 않지만 늘 노력해야 하겠습니다.

앞으로는 길거리 지나가는 개를 볼 때마다 불천노 (不遷怒) 불이과 (不貳過)가 떠 오를 것 같습니다.

He who makes no mistake makes nothing.

실수를 하지 않는 사람은 아무것도 이룰 수 없다. 즉, 『실수를 두려워하지 말라』는 뜻의 속담입니다. 예전에 요하네스버그 - 홍콩구간 비행기에서 《Enough Said》 라는 영화를 보는데, 마음에 드는 남자친구와 사귀고 싶은데 마음을 다치게 될까 봐 주저하는 딸 친구에게 여주인공이 이렇게 얘기를 합니다.

" You can't live in fear of making any mistake. Just go for it"

("평생을 실수할까봐 두려움에 살 수는 없는 일이지. 시도해 보렴")

정말 멋있는 대사여서 뇌리에 확! 꽂혀버렸습니다. 무언가를 망설이는 친구에게 이렇게 얘기해 주세요.

♠ 영어 말하기의 가장 큰 걸림돌 또한 실수를 두려워하는 마음입니다. 영어가 모국어가 아닌 우리는 대부분 내가 말할 문장을 머리 속에 한번 작문하고 입 밖으로 내놓습니다. 실수를 안 하기 위해 혹시 문법이나 단어가 맞는지 확인하는 단계를 거치기 때문이죠. 이런 과정(process)이 자유롭게 영어로 말하는 것을 방해하게 됩니다.

영어는 모국어가 아니므로 실수를 하는 건 당연합니다. 자신 있게 말하는 습관을 들여보세요. 쭈뼛거림과 조심스러움으로부터 자유로워지면 내 입에서 영어가 술술 나오게 된답니다.

과즉물탄개 (過則勿憚改). 허물이 있으면 고치기를 꺼리지 말라는 뜻입니다.

《논어》 자한편 (子罕篇)에 나오는 말인데, 공자는 사람은 잘못을 하지 않을 수는 없다고 생각하고 잘못을 고치지 않는 것이 더 큰 허물이라고 하였습니다. 잘못이 있는데 고치기를 주저하면 같은 잘못을 다시 범할 위험이 있고 잘못은 또 다른 잘못을 낳을 수 있으므로 잘못을 고치는 데 꺼리지 말고 즉시 고치도록 최선을 다하라는 것입니다.

There's no royal road to learning.

아주 유명한 속담이죠. 『배움에는 왕도가 없다』 말 그대로 배우는 데는 쉬운 방법이나 지름길이 없다는 뜻이지요. 즉, 부단한 노력이 필요하다는 뜻입니다. 영어 해석도 그대로입니다. Learning things require hard work and effort.

예문을 볼까요?

Jane : ***I don't see why we have to do homework every night. Why can't we just listen to the lectures?***
(왜 도대체 매일 밤 숙제를 해야만 하는 지 이해가 안돼요. 그냥 수업만 들으면 왜 안되는 거죠?)

Mom : ***Honey, there is no royal road to learning.***
(얘야, 배움에 쉬운 길은 없단다)

♠ 앞에서 다루었던 그 유명한 《논어》 학이편 (學而篇) 첫 구절을 다시 한번 보겠습니다.

- **자왈 (子曰) 학이시습지 (學而時習之)면 불역열호 (不亦說乎)아**
  배우고 때때로 이를 익히면 또한 기쁘지 아니 한가?

배움에는 끊임없이 정진하는 방법 밖에 없고, 그런 끊임없는 배움을 통한 즐거움에 대한 교훈이 담겨있는 문구입니다. 제 호(呼) 열락(悅樂)의 출처이죠.

영어에 관하여 가장 많이 듣는 질문이 『어떻게 하면 영어를 잘할 수 있나요?』입니다. 제 답이 바로, "There's no royal road"랍니다. 왕도 (royal road), 쉬운 길 (easy way), 지름길 (short-cut)이란 없습니다.

그저 묵묵히 매일, 하루에 한 문장이라도 소리내어 읽고 내 표현으로 만든다면 1년, 2년 후에는 놀라운 변화가 있을 것입니다.

Home truth

Home truth라는 표현을 들어 보셨나요? 아니면 겪어 보셨는지요? 우선 Cambridge 영영사전에 나온 정의를 한번 보시죠.

A true but unpleasant fact about yourself that another person tells you. [Cambridge dictionary]
(다른 사람이 나에게 얘기해주는) 듣기 싫지만 사실인 진실. 그래서 우리 사전엔 『뼈아픈 말』이라고 해석하고 있습니다.

✻《논어》 이인편 (里仁篇) 26장에 간언과 충고에 관해 이런 말씀이 나옵니다.

- **자유왈 (子游曰)**
  (자유가 말하기를)

  사군수 (事君數)면 사욕의 (斯辱矣)요
  (임금을 섬기는 데 있어 자주 간언하면 오히려 미움을 받게 되고)

  붕우수 (朋友數)면 사소의 (斯疏矣)니라
  (벗을 사귐에 있어 자주 충고하면 사이가 멀어지게 된다)

『임금을 섬김에 있어 자주 "아니 되옵니다"라고 간하다가는 곤욕을 치르게 되고, 친구 사이라고 지나치게 조언하면 사이가 벌어지게 된다』는 말씀입니다. (아닌 것은 못 참고) 입바른 소리 잘하는 성격을 가진 저 같은 사람들은 늘 가슴에 품고 다녀야 할 문구인 것 같습니다.

물론 듣기 좋은 말만 하는 것이 상대를 위해서 좋은 것만은 아니지만, 충고와 간언도 지나치면 모자란만 못하다는 사실은 저의 모든 인간관계 속에서 다시 한번 스스로를 되돌아보게 합니다.

Never continue in a job you don't enjoy.

Never continue in a job you don't enjoy.
(즐기지 않는 일을 계속 하지마라)

If you're happy in what you're doing, you'll like yourself, you'll have inner peace. (자신의 일을 좋아하면 자신이 좋아지고 내면의 평화를 얻을 것이다)

And if you have that, along with physical health, you will have more success than you could possibly have imagined.
(이에 더해 몸도 건강하다면, 상상했던 것 이상의 성공을 거둔 것이다)

by Johnny Carson*

성공을 하려면『죽기 살기로 하라』고 말하는 사람들도 있습니다. 그러나 그 보다 성공자체에 목매지 말고『자신이 좋아하는 일을 즐기고 그 일에서 행복함을 느끼는 것』이 가장 중요하다고 생각합니다.『천재는 노력하는 사람을 이길 수 없고, 노력하는 사람은 즐기는 사람을 이길 수 없다』라는 말이 있지요.

✽《논어》 옹야편 (雍也篇)에 이런 문구가 나옵니다.

- **지지자 (知之者)는 불여호지자 (不如好之者)요,**
  호지자 (好之者)는 불여락지자 (不如樂之者)니라.

  즉, 아는 자는 좋아하는 자에 미치지 못하고,
  좋아하는 자는 즐기는 자에 미치지 못한다.

내가 다니는 직장이, 내가 하는 일이 단지 생계 (bread and butter)를 위해 해야 하는 일이기에 하는 경우가 가장 슬픈 일이라고 생각합니다. 내가 하는 일을 내가 잘 알고, 좋아하고, 즐기고 있는지 진지하게 생각해봐야 할 것입니다.

---

* 자니 카슨(1925–2005) : 미국의 투나잇 쇼를 30년간 진행한 쇼호스트이자 코미디언

All that glitters is not gold.

『반짝인다고 다 금은 아니다』 겉보기에는 그럴 듯하지만 실제로는 보이는 것만큼의 가치가 없는 것들도 있다는 의미입니다. 즉, 겉모양만 보고 가치를 판단하지 말라는 교훈을 담고 있는 속담으로 사람, 장소, 사물 모두에 해당되겠습니다.

16세기말 셰익스피어가 쓴 《베니스의 상인》에 나오는 말인데, 이 책에서 배운 또 하나의 속담. "Don't judge a book by its cover" (책은 겉 표지만 보고 판단해서는 안된다)와 일맥상통하는 문구입니다.

예문을 볼까요?

Las Vegas may look like an exciting place to live, but I don't think you should move there. All that glitters is not gold.
(라스베가스가 살기에 재미있는 곳처럼 보일지는 몰라도, 그 곳으로 이사하는 건 아닌 것 같네. 반짝인다고 모두 금은 아니야)

I know Jane is popular and pretty but don't be fooled by that. All that glitters is not gold. (Jane이 인기도 좋고 예쁜 건 알지만, 그런 면에 현혹되지는 말게. 겉만 보고 판단할 일은 아니야)

✽《논어》옹야편 (雍也篇)에 나오는 제가 좋아하는 문구 **문질빈빈 (文質彬彬)**이 생각납니다. **겉모양의 아름다움과 내면의 아름다움이 서로 잘 어울리는 모양을 의미**하지요.

『형식만 추구하고 강조하다 보면 내용은 없고, 껍질만 보여질 수 있다. 반대로 내용만 중요시 여기고 형식을 무시하면 촌스러움의 극치다』

겉으로 드러나는 아름다운 모습, 태도, 학식과 내면의 인격 실질이 적당한 조화를 이루어야 진정한 군자라고 공자는 얘기하고 있습니다.

If the shoe fits, (wear it).

직역하면『맞으면 신어라』인데, 이것이은 무슨 뜻일까요?

『(어떤 경고나 비판이) 자기에게 해당된다 싶으면, 인정하고 받아들여라』라는 뜻의 속담입니다.

(If you feel that a remark applies to you, you should accept it and take it as a warning or criticism.)

보통 wear it을 생략하고 쓰이기도 합니다.

예문을 보시겠습니다.

Jack : ***Just because I've missed two or three sessions, my fitness trainer says I lack in motivation.***
(내가 두 세번 결석했다고 우리 피트니스 강사가 나보고 동기부족이래요)

Jill : ***Well, if the shoe fits, wear it.*** (옳다고 생각하면 받아 들여야지)

✽《논어》자한편 (子罕篇)에 이 내용과 관련된 공자의 말씀 살펴보았지요.

과즉물탄개 (過則勿憚改) 『잘못이 있으면 고치기를 두려워 말라』라는 뜻이지요.

사람은 기본적으로 자기가 항상 옳다고 생각하고 사는 존재이기 때문에 남의 말을 듣고 나의 잘못을 인정하고 고친다는 것은 참으로 어려운 일일 것입니다.

나이가 들수록, 지위가 올라갈수록 더 어려워지는 것은 당연한 이치겠지요. 자신의 오류를 인정하는 겸허함과 이를 고치는 대범함을 잃지 말아야 하겠습니다. 나의 허물을 인정하지 않고 고치지 않는 것이 가장 큰 허물이니까요.

Lipstick on a pig

립스틱을 바른 돼지. 재밌는 표현입니다. 우리말로는『돼지목의 진주』『호박에 줄긋는다고 수박 되나?』가 있죠 . 본질은 감추고 외양에만 치중한다는 의미에서 돼지에 립스틱을 바른다고 예쁜 여자가 되는 게 아니라는 뜻이 되겠습니다.

데이트에 겉치장만 요란하게 하고 나가는 사람들, 선거에 당선되기 위해 그럴듯한 포장에 주력하는 정치인들 등이 예가 되겠죠. 미국 잡지나 신문을 보면, 정치인들이 연설에서 상대방을 공격하는 데 많이 쓰는 은유적 표현입니다.

또한 미국 자동차 세일즈 분야에서 가장 흔히 사용된다고 합니다. 새로 페인트 칠을 하고, 브러시로 광을 낸 고철덩어리를 최고가격으로 받으려고 하는 것을 은유적으로 표현한거지요.

예문을 보겠습니다. 세 문장 모두 같은 뜻입니다.

You can put lipstick on a pig, but it's still a pig.
(호박에 줄긋는다고 수박 되나? 여전히 호박이다)

If you put lipstick on a pig, it doesn't change anything.
(호박에 줄긋는다고 달라지지 않는다)

Putting on a lipstick doesn't make any difference.
(호박에 줄 긋는다고 변하는 건 하나도 없다)

✽ 앞에서 살펴본 공자의《논어》옹야편 (雍也篇)에 나오는 **문질빈빈 (文質彬彬)**이 여기에도 적용될 수 있겠지요. **겉으로 드러나는 아름다운 장식, 태도, 학식과 내면의 인격, 실질이 적당한 조화를 이루어야 진정한 군자**라고 할 수 있다는 의미였지요. 우리는 오늘 Lipstick on a pig를 통해 공자님의 문질빈빈 (文質彬彬)을 다시 한번 복습합니다.

Hit the ceiling.

노발대발하다, 격노하다 (Get very angry and fly into a rage.) 라는 뜻의 표현입니다.

우리는 어떻게 표현하나요? 『뚜껑 열린다』라는 표현이 있죠. 《톰과 제리》라는 만화에 나오는 이런 장면 기억하시나요? 화가 머리끝까지 난 톰이 머리로 천정을 뚫고 올라가는… 좀 더 과장해서 Hit the roof라는 표현도 같은 뜻입니다.

예문을 보시겠습니다.

A : ***Oh my God! I drove my father's car while he was asleep and I damaged it.***
(맙소사! 아버지가 주무시는 동안 차를 가지고 나갔다가 차가 파손 되었어!)

B : ***You better tell him right now.***
(지금 당장 말씀드리는 게 나을 거다)

A : ***I can't. He will hit the ceiling.***
(나 못해. 아버지 노발대발하실 걸.)

✻ 화에 관해 앞에서 살펴보았던 논어 구절을 함께 보시죠.

불천노 (不遷怒) - 분노를 옮기지 말아라
- 《논어》 옹야편 (雍也篇)

요즘 방송과 뉴스를 보면 분노에 의한 사고를 끊임없이 보도하고 있습니다. 『잠깐의 분노를 참지 못해 인생에 오점을 남기는 결과를 초래하기도 합니다. 인격적으로 성숙한 사람은 분노하지 않는 사람이 아닙니다. 자신의 분노를 남에게 옮기지 않는 사람입니다』 –출처 《3분 고전》, 박재희

Eagles don't catch flies.

『독수리는 파리를 잡지 않는다』 라는 독일 속담에서 유래된 표현입니다.

독수리는 새들의 제왕답게 아무리 배가 고파도 파리는 잡아먹지 않는다는 뜻이지요. 외형이 독수리면 행동도 독수리답게 행동하라는 뜻일 것입니다.

✽《논어》 자로편 (子路篇) 제17장에 공자의 제자 자하가 정치에 관해 묻자 공자가 대답합니다.

- 무욕속 (無欲速)하며
  무견소리 (無見小利)니
  욕속즉부달 (欲速則不達)하고
  견소리즉대사불성 (見小利則大事不成)이니라.

  빨리 하려고 하지 말며, 작은 이익에 구애되지 말아야 한다.
  빨리 하려고 하면 일을 이루지 못하고,
  작은 이익에 구애되면 큰 일을 이루지 못한다.

견소리즉대사불성 (見小利則大事不成) 즉『작은 이익을 탐내면 도리어 큰 일을 이루지 못한다』가 이 영어표현과 일맥상통한다고 볼 수 있겠습니다.

우리에게 주어지는 기회는 많고 사람의 욕심이란 끝이 없는 것 같습니다. 큰 이익을 위해 작은 이익을 버릴 수 있어야 함에도 불구하고 우리는 사소한 이익까지 쫓으려 합니다.

그러다가 큰 이익마저 잃게 되는 경우가 많습니다. 우리 모두가 눈 앞의 작은 이익보다는 더 큰 그림을 그리고 큰 숲을 보는 혜안을 가지게 되길 바랍니다.

Haste makes waste.

좋은 교훈을 주는 속담 하나를 익혀보겠습니다.

Haste makes waste.

서두르면 일을 그르친다. 이에 해당하는 우리 속담은 『급할수록 돌아가라』 『급히 먹는 밥이 체한다』 정도가 되겠습니다.

기억하시나요? 앞 장의 "Eagles don't catch flies."라는 문구를 배우면서 인용했던 논어 문구와 일맥상통한다고 볼 수 있습니다. 그래서 이번에는 이에 해당하는 또 하나의 영어 속담을 살펴보겠습니다.

"Look before you leap."
(신중히 생각하고 행동하라. 돌다리도 두드려 보고 건너라)

✽《논어》 자로편 (子路篇) 제17장에 나온 문구를 한 번 더 언급하겠습니다.

- **무욕속 (無欲速)하며**
  무견소리 (無見小利)니
  욕속즉부달 (欲速則不達)하고
  견소리즉대사불성 (見小利則大事不成)이니라.

  빨리 하려고 하지 말며, 작은 이익에 구애되지 말아야 한다.
  빨리 하려고 하면 일을 이루지 못하고,
  작은 이익에 구애되면 큰 일을 이루지 못한다.

우리가 살아가면서 맞게 되는 많은 상황들과 과제, 업무 등 크고 작은 모든 일에 있어 늘 명심해야 할 두가지 교훈을 다시 한번 상기해 보는 시간이 되었으면 합니다.

"Haste makes waste." "Look before you leap."

Hold your tongue!

무슨 뜻일까요? Hold one's tongue을 직역하면 『~의 혀를 잡고 있어라』 라는 말이지요. 혀를 잡고 있으면 말을 못하게 되니 『조용히 하다, 말조심하다, 침묵하다』 라는 뜻이 되겠습니다. (remain silent)

"Hold your tongue."은 『잠자코 있어!』 또는 『조용히 있어!』 라는 뜻이 되겠죠. 상대방이 (부적절한, 무례한말을 하려고 할 때) 『조용해! 말조심해!』 라는 의미입니다. 비슷한 뜻의 표현으로 "bite your tongue" 이 있습니다.

예문을 보겠습니다.

Hold your tongue if you don't know what exactly this is about.
(정확히 무엇에 관한 건지 모르면 잠자코 있어라)

A : ***I think Paul is stupid.*** (Paul은 어리석은 것 같아)

B : ***Hold your tongue.*** (말조심해)

그럼 말실수는 영어로 뭐라고 표현할까요? 혀가 미끄러졌다고 표현합니다. "a slip of the tongue" (말실수, 실언) 꼭 기억해 두세요.

✽ 《논어》 안연편 (顔淵篇)에 **사불급설 (駟不及舌)**이라는 문구가 나옵니다. **『한번 입 밖에 낸 말은 네 필의 말이 끄는 수레도 붙잡지 못한다』** 는 뜻으로 **말을 신중하게 해야 함**을 가르친 대목입니다.

말이 많으면 실수가 잦을 수 밖에 없다는 것은 누구나 다 아는 사실이나 실행이 어려운 부분입니다. 놀랍지만 사회관계에서 말이 많은 사람보다 good listener가 더 인기가 많다는 사실을 다시 한번 생각해보아야 할 것입니다.

Charity begins at home.

한번쯤은 들어 보셨을 속담인데 정확히 뜻이 와 닿지를 않습니다. 『자선은 집에서 시작된다』는 말은 무슨 뜻일까요?

《대학 (大學)》에 나오는 수신제가 (修身齊家) 치국평천하 (治國平天下)라는 유명한 말이 있지요. 여기에 딱 들어맞을 듯합니다.

『먼저 자신의 몸을 돌보고 집안을 다스려야 나라를 다스리고 세상에 평화를 가져온다』 다른 사람을 돕기에 앞서 가족부터 보살피라는 뜻의 속담입니다.

예문입니다.

I don't think our church should worry so much about a foreign relief fund when there are people in need right here in our city. Charity begins at home.

(우리 교회가 해외 지원금에 그렇게 걱정을 하지 않아도 된다고 생각해요. 바로 여기 우리 도시에도 도움을 필요로 하는 사람들이 있거든요. 남을 돕기 전에 가족부터 보살피죠)

If you really want to make the world a better place, start by being polite to your sister. Charity begins at home.

(진정으로 이 세상을 더 나은 곳으로 만들고 싶다면, 네 언니한테 얌전히 구는 것부터 시작해라. 자선은 집에서 시작되는 것이다)

♠ 등잔 밑이 어둡다고. 우리는 남들에게 친절을 베풀고 마음을 다치지 않게 배려하려고 노력하면서 정작 가장 가까운 가족은 너무 믿어서인지 대면대면하게 되는 경우가 종종 있습니다. 그런 면에서 생각하면 정말 경종을 울리는 속담이 아닐 수 없습니다.

Old friends and wines improve with age.

『친구와 포도주는 오래될수록 좋다』라는 유명한 서양 속담입니다.

age가 명사로『나이』라는 뜻 이외에『(많은) 나이』,『오래됨』의 뜻을 가지고 있어 전치사 with와 함께 쓰여 with age는『나이가 들면서』『오래되면서』라는 뜻을 지닌 숙어가 됩니다.

Wisdom comes with age.
(지혜는 나이가 들면서 생긴다) 라는 말도 있지요.

✽《맹자 (孟子)》는 친구를 사귐에 있어 **불협장 (不挾長), 불협귀 (不挾貴), 불협형제 (不挾兄弟)** 라고 하였습니다. **『친구를 사귀는 데 나이 많고 적음을, 신분의 고하를, 형제의 배경을 따져서는 안된다』**라는 뜻이지요.

또한, 맹자는 **우야자 (友也者) 우기덕야 (友其德也) 불가이유협야 (不可以有挾也)** **『벗 한다는 것은 그 사람의 덕을 사귀는 것이니 그 사이에 따지는 것이 있어서는 아니 된다』**고 이르고 있습니다.

나이, 신분, 지위 등을 떠난 세속적 계산이 없는 순수하고 진정한 친구들, 그리고 오래된 친구들이 있는지요. 폭넓게 친구를 만드시고, 오래된 와인처럼 시간이 지날수록 소중한 우정을 키워 나가시길 바랍니다.

One good turn deserves another.

『선행을 베풀면 돌아온다』라는 뜻의 속담입니다.
(This means that when people do something good, something good will happen to them.)

우리도 비슷한 뜻의 속담이 있지요. 『가는 정이 고아야 오는 정이 곱다』『도움을 받았으면 갚아야 한다』라고 거꾸로 해석을 하기도 합니다.

"Do someone a good turn"은 『남에게 좋은 일을 하다, 호의를 베풀다, 선행을 베풀다』(be helpful to somebody, do somebody a favor)라는 뜻입니다. 반대로 bad turn하면 악행이 되겠죠?

예문으로 볼까요?

Jane : ***Thanks for the ride, Jim.***
(Jim 태워줘서 고마워.)

Jim : ***It's the least I can do after you helped with my homework last week. One good turn deserves another.***
(지난주에 숙제도 도와줬는데, 내가 해줄 수 있는 최소한의 것이지. 좋은 일을 하면 좋은 일이 생기기 마련이지)

♠ 비슷한 내용의 속담이 있습니다.

What goes around comes around. (남에게 한 대로 되받는 법이다)
내가 선행을 베풀면, 선행으로, 악행을 하면 악으로 돌아온다.

《맹자 (孟子)》에 **출이반이 (出爾反爾)**라는 말이 나옵니다. 너에게서 나온 것은 너에게 돌아온다. 즉, 『**자기가 뿌린 씨는 자기가 거두게 된다**』라는 뜻입니다.

Push/press one's luck.

행운을 누른다? 관용어구는 직역하면 어려워집니다.『운을 믿고 과욕을 부리다』『요행을 바라다』라는 뜻의 숙어입니다.

운칠기삼(運七技三)이라는 말도 있듯이, 지금까지는 운이 따라줘서 잘 되어 왔는데, 그 운을 과신하고 무리하는 것을 말합니다. 그래서 보통 부정문으로 많이 쓰인답니다.

예문 나갑니다.

You're okay so far, but don't push your luck.
(지금까지는 좋았지. 그렇지만 너무 운을 과신하진 말게)

Bob pressed his luck too much and got into a lot of trouble.
(Bob은 요행을 바라고 과욕을 부려 곤경에 처하게 되었다)

✽《중용 (中庸)》14장에 이러한 문구가 나옵니다.

- **군자거이이사명 (君子居易以俟命)**
  소인행험이요행 (小人行險以徼幸)

『군자는 평이하게 살면서 명을 기다리고,
소인은 위험한 일을 행하며 요행을 바란다』 라는 뜻입니다.

물론 배짱 (guts)과 용기 (courage)는 필요한 덕목이지만, 노력없는 성공이란 없다 (No pain, no gain)는 기본 진리를 망각하고 요행을 바라는 것 (pushing your luck)은 위험한 일이겠습니다.

Constant dropping wears away a stone.

『쉬지 않고 떨어지는 물방울이 돌을 뚫는다』는 뜻의 속담입니다. 『낙숫물이 댓돌 뚫는다』라는 우리 속담도 있지요. 어떤 일이든 정성껏 꾸준히 지속적으로 한다면 이루지 못할 것이 없다는 성실함과 끈기의 중요성을 강조하고 있습니다. Persistence(지속), perseverance(인내)는 제가 정말 좋아하는 단어입니다.

♠《중용》에 지성무식 (至誠無息) 이라는 문구가 나옵니다.

제 스승이신 박재희 교수님의《삼분고전》에 나온 내용을 참조합니다.

지극한 정성은 쉬지 않는다. 현대사회에서 기업에 필요한 주요한 윤리를 하나 고르라면 단연코 정성을 다한다는 뜻의 '성 (誠)'일 겁니다. 정성과 성실이라는 뜻을 가진 '성'에 대하여 많은 정의를 하고 있는 책은 중용 (中庸)입니다.

첫째, 성실함은 자신의 완성을 통하여 남을 완성시켜 줍니다. 성실함의 궁극적인 목표는 자신의 완성뿐만 아니라 자신이 행한 성실을 통하여 남도 완성하여 주는 것입니다.

둘째, 성실함은 자연스럽게 이루어지는 것입니다. 성실함은 억지로 되는 것이 아니라 자연스럽게 이루어져야 합니다. 성실함이야말로 저 깊은 내면에서 우러나오는 자연스러운 윤리입니다.

셋째, 최고의 성실함은 무식한 것입니다. 이 때의 무식은 알지 못하는 무식 (無識)이 아니라 쉬지 않는다는 무식 (無息)입니다. 성실함의 극치는 쉬지 않는 것입니다.

지성감천 (至誠感天), 지극한 정성은 하늘도 감동시키고,
지성무식 (至誠無息), 지극한 정성은 쉬지 않는 것이다.

난세에는 똑똑하고 유식한 것이 경쟁력입니다. 그러나 성실함을 당할 수 없습니다. 묵묵히 쉬지 않고 자신의 길을 가는 무식 (無息)한 성실이야말로 결국 최후의 승리자가 되는 방법입니다. 『하늘은 쉬지 않는 무식함에 감동합니다.』

A bad workman always blames his tools.

직역하면『실력없는 목수가 연장 탓한다』『잘되면 내 탓, 못되면 조상 탓』이라는 우리 속담에 해당하는 표현입니다. 즉 자신의 잘못을 다른 사물이나 남 탓으로 돌린다는 뜻이죠.

예문을 보시겠습니다.

Pius : ***I think I have to buy a new set of golf clubs. I really can't hit the ball straight with the ones I have now.***
(골프채를 세트로 새로 장만해야겠어. 지금 채로는 볼을 똑바로 보낼 수가 없어)

Jeannie : ***Well, why don't you practice your swing more often? You know what they say, "A bad workman always blames his tools"***
(스윙연습을 좀 더 자주 하지 그래? 이런 말 있지. 실력없는 목수가 연장 탓 한다)

✽《중용》14장에 반구저신 (反求諸身) 이라는 말이 나옵니다.
『잘못이 있으면 자신에게 돌이켜 그 원인을 찾는다』라는 뜻이지요.

- **자왈 (子曰)**
  사유사호군자 (射有似乎君子)
  실저정곡 (失諸正鵠)
  반구저기신 (反求諸其身)

공자께서 말씀하시길,『활쏘기는 군자의 태도와 비슷함이 있으니 그 정곡을 맞히지 못하면 돌이켜 그 원인을 자신에게서 찾는다』라는 말입니다. 즉, 어떤 일이 잘못됐을 때, 남의 탓을 하지 않고 그 일이 잘못된 원인을 자기 자신에게서 찾아서 고쳐나간다는 공자의 말씀입니다.

"반구저신 (反求諸身)" 꼭 기억하시길 바랍니다.

Walls have ears.

『낮 말은 새가 듣고 밤 말은 쥐가 듣는다』를 영어로는『벽에도 귀가 있다』라고 표현한답니다.

『아무도 안 듣는 데서라도 말을 조심해야 한다』라는 뜻으로, 아무리 비밀리에 한 말이라도 반드시 남의 귀에 들어가게 된다는 의미입니다.

예문을 보시겠습니다.

Don't say anything about our business dealings in here. Walls have ears. (우리 비즈니스 거래에 대한 얘기는 절대 하지 마세요. 낮 말은 새가 듣고 밤 말은 쥐가 듣습니다)

Why don't we go and talk about this somewhere quieter? Walls have ears, you know. (우리 더 조용한 데 가서 얘기하는 게 어때? 누가 들을지도 몰라)

✽《시경 (詩經)》에 **비언물언 (匪言勿言), 비유물어 (匪由勿語)**라는 문구가 나옵니다.

『**하지 말아야 할 말은 하지 말고 근거 없는 말은 하지 마라**』즉, 말해서 좋을 것이 아니라면 말하지 않는 편이 낫고, 이유있는 것이 아니라면 이야기하지 않는 편이 낫다는 뜻이지요. 말조심에 대한 메시지입니다.

"The tongue has no bones, but it crushes bones."
(혀는 뼈는 없지만, 뼈를 부술 수 있다) 라는 그리스 속담도 있습니다.

늘 말조심.

특히 남에 대한 부정적인 "뒷담화"는 절대적으로 경계해야 하겠습니다.

Chapter 2

"생활속 동양고전 영어를 만나다"

(명심보감, 채근담, 손자병법, 한비자, 사자성어)

굴기자 (屈己者)는 능처중 (能處重)하고
호승자 (好勝者)는 필우적 (必遇敵)이니라.

자기 자신을 굽힐 줄 아는 사람은 능히 중요한 지위에 있을 수 있고,
이기기를 좋아하는 사람은 반드시 적을 만나게 될 것이다.

한 여름,
이화동 골목담장 한곁에 환하게 떠오른
저 무지개는 더욱 눈이 부시다.… photo & essay by 才全

Fair-weather friend.

형편이 좋을 때만 친구인 사람을 가리키는 표현으로 여기서 fair weather는 good times (좋은 시절)을 의미합니다. 형편이 좋을 때나 아쉬울 때만 찾고 어려울 땐 나 몰라라 하는 계산적인 사람을 뜻하지요.

예문입니다.

David is a fair-weather friend. We enjoyed drinking every Friday night, but ever since I quitted my job, he stopped seeing me.

(David는 좋을 때만 친구인 사람이다. 우리는 매주 금요일 저녁 한 잔 했었다. 그러나 내가 직장을 그만두고 나니 나를 더 이상 만나지 않는다.)

✤《명심보감 (明心寶鑑)》에 이러한 말이 나옵니다.

- **주식형제천개유 (酒食兄弟千個有)**
  급난지붕일개무 (急難之朋一個無)

술 먹고 밥 먹을 때 형이니 동생이니 하는 친구는 천 명이나 있지만
급하고 어려울 때 막상 나를 도와주는 친구는 한 명도 없다.

여기서 주식형제 (酒食兄弟)는 "a fair-weather friend", 급난지붕 (急難之朋)은 "a friend in need"가 되겠습니다.

누구나 친구는 많지만, 우리가 인생을 살아가면서 내가 슬프거나 힘들 때, 진심으로 같이 슬퍼해주고, 위로해주고, 격려해주는 진정한 친구가 있는 지, 그리고 나는 내 친구들에게 평생을 함께 할 친구 (friend for life)가 되는지 생각해봐야 할 것입니다.
A friend in need is a friend indeed!

Give the devil his due.

이 표현은 처음 셰익스피어의 작품《헨리 5세》에서 쓰였으며 때로는『좋지 않은 사람에게도 신용을 줘야 한다』라는 의미로 쓰였습니다.

종종 들으실 수 있는 표현인데요. 우리가 원하지는 않지만 미운 사람이라도 인정할 것은 인정해야 한다. 즉『공평하게 대우해야 한다』라는 의미의 관용 표현입니다.

예문입니다.

I don't like the man but – give the devil his due – he works incredibly hard. (나는 그 사람을 안 좋아하지만, 인정할 건 인정해야지. 그는 말도 못할 정도로 일을 열심히 해)

To give the devil her due, you must admit that she's an excellent psychologist. (공정하게 대하자면, 그녀는 훌륭한 심리학자라는 건 인정해야 합니다.)

✽《명심보감 (明心寶鑑)》에 이런 문구가 있습니다.

- **천불생무록지인 (天不生無祿之人)하고**
  지부장무명지초 (地不長無名之草)이니라.

『하늘은 쓸모 없는 사람을 내지 않고 땅은 이름 없는 풀을 자라게 하지 않는다』는 뜻으로 이 세상 모든 사람은 누구나 주어진 능력과 재주를 갖고 태어났으며, 또한 이 세상에 아무것도 쓸모 없는 물건이라고는 하나도 없음을 이르는 말이지요.

사람만이 아니라 풀들도 이렇게 제각각 개성과 존재의 가치가 있고, 아무도 대신하지 못할 사명 (使命)과 목적 (目的)이 주어져 있습니다. 인간이라면 그 누구도 상대를 천시할 권리가 없으며 공평하게 대우하고 존중해야 한다는 교훈이 오늘 속담과 일맥상통하고 있습니다.

Waste not, want not.

『낭비가 없으면 부족이 없다』 『낭비하지 않으면 부족함이 없다』라는 뜻의 영어 속담입니다. 더 이상의 설명이 필요 없는 속담이지요.

예문 보시겠습니다.

Sam never let his leftovers spoil in the refrigerator but made sure to eat them. "Waste not, want not," he said.

(Sam은 냉장고에 있는 남은 음식을 절대 상해서 버리게 하지 않고 반드시 다 먹는다. 그는 "낭비가 없으면 부족함이 없다", "낭비하지 않으면 부족하지 않다"라고 말했다.)

♠ 검소한 사람은 늘 힘들 때를 대비해 저축을 하므로 (save for the rainy day) 『부족함이 없다』 라는 말은 어찌 보면 당연할 수밖에 없을 것 같습니다.

《명심보감》에 이 속담과 일맥상통하는 문구가 나옵니다.
함께 기억하시기 바랍니다.

- **사자 (奢者)는 심상빈 (心常貧)하고 검자 (儉者)는 심상부 (心常富)니라.**
  사치하는 사람은 마음이 항상 가난하고 검소한 사람은 마음이 항상 부유하다.

Power is dangerous unless you have humility.

『겸손이 없으면 권력은 위험하다』 즉, 자신을 굽힐 줄 모르는 자가 권력을 가지면 위험하다는 뜻의 속담입니다.

"humility"라는 단어가 생소하신가요? 겸손 (the quality of being humble) 이라는 뜻의 단어입니다.

✽《명심보감》 계성편 (戒性篇)에 이런 문구가 나옵니다.

- **굴기자 (屈己者)는 능처중 (能處重)하고**
  호승자 (好勝者)는 필우적 (必遇敵)이니라.

『자기 자신을 굽힐 줄 아는 사람은 능히 중요한 지위에 있을 수 있고, 이기기를 좋아하는 사람은 반드시 적을 만나게 될 것이다』 라는 의미입니다.

"적을 만들려면 친구에게 이기고, 벗을 만들려면 친구가 이기게 하라" 라는 말이 있습니다. 겸손한 마음으로 상대를 존중하고 배려하며 살아야겠습니다.

짧지만 강한, 인생에 혜안을 주는 이 문구를 꼭 기억하시기 바랍니다

Reap what you sow.

많이 알려진 속담입니다. 철학적인 내용을 담고 있고, 성경에 나와있는 구절이기도 합니다.

『뿌린 대로 거둔다』『콩 심은 데 콩 나고 팥 심은 데 팥 난다』라고 합니다. 더 이상의 설명이 필요 없을 듯합니다.

예문 보시겠습니다.

If you treat your friends like that, of course they drop you. You reap what you sow in this life.

(네가 친구들에게 그렇게 대한다면 당연히 그들은 너와 관계를 끊을 것이야. 세상은 뿌린 대로 거두는 법이다)

♠ 앞에서 살펴 보았던 《명심보감》 천명편 (天命篇)에 이런 문구가 나옵니다.

- **종과득과 (種瓜得瓜)요 종두득두 (種豆得豆)니**
  천망 (天網)이 회회 (恢恢)하여 소이불루 (疎而不漏)니라.

  오이를 심으면 오이를 얻고, 콩을 심으면 콩을 얻는다.
  하늘의 그물은 넓고 넓어서 엉성한 듯하지만 빠뜨리지 않는다.

사람이 선을 행하면 복 (福)을 얻게 되고 악을 행하면 화 (禍)가 미치는 것은 변함없는 자연의 법칙인 것 같습니다.

"What goes around comes around."도 함께 기억해두세요.

We're in the same boat.

『같은 배를 타고 있다』 『같은 운명에 처해있다』 라고 할 때 쓰는 표현입니다. 또는 『당신도 제 처지와 똑같군요』 의 뜻으로도 쓰입니다. 소위 『공동운명체』 라고 하지요.

(If two or more people are in the same boat, they are in the same unpleasant or difficult situation.)

주로 안 좋은 상황에서 쓰이는 이 표현은 고대 그리스에서 처음 사용했다고 합니다. 망망대해에 홀로 떠 있는 배를 생각하면 왜 wagon이나 train이 아닌 boat인지 이해가 가시죠? 저도 프로젝트에 issue가 있을 때, 파트너사와 또는 고객사와 협의시 종종 쓰는 표현입니다.

예문 보겠습니다.

A : ***I have to finish this by today. Seems that I will have to work all night tonight.***(오늘까지 마쳐야 해. 오늘 밤새 일해야 할 것 같아)

B : ***Let me finish mine shortly and will help you. We're in the same boat. We have to make this project successful!***
(내 일부터 빨리 마치고 도와줄 게. 우리는 같은 배를 탔잖아. 이 프로젝트를 성공적으로 이끌어야 해)

✽ 《손자 (孫子)》 의 구지편 (九地篇)에 오월동주 (吳越同舟)라는 문구가 나옵니다. 중국 춘추 전국 시대에 서로 적대관계인 오나라의 왕 부차(夫差)와 월나라의 왕 구천(句踐)이 같은 배를 탔으나 풍랑을 만나서 서로 단합하여야 했다는 데에서 유래하는데요. 서로 적의를 품은 사람들이 서로 협력해야 하는 공동운명체가 된 상황을 은유적으로 표현한 재미있는 문구입니다.

It takes one to know one.

우리말에 『뭐 눈엔 뭐만 보인다』 라는 속담이 있습니다. 똑 같은 의미의 영어 속담입니다. “It”이 생략되어 “Takes one to know one”으로도 쓰입니다.

직역을 하자면 『뭐가 되어야만 뭐를 알 수 있다』 즉, 그 입장이 되어야 알아본다 라는 뜻이지요. 『선수는 선수를 알아본다』 『뭐 눈엔 뭐 밖에 안 보인다』 라고도 하지요.

저도 경험이 있지만, 여성분들이 임신을 하게 되면 거리에서 임신한 여성만 그렇게 눈에 들어온다고 합니다. 내가 새로 산 자동차 모델이 도로에 나가면 그리 많이 눈에 들어오는 것도 한 예가 되겠지요.

예문입니다.

“He’s a complete idiot!” “Well, it takes one to know one!”
(“그는 진짜 멍청이야” “흠, 바보가 바보를 알아보는 거지”)

♠ 비슷한 표현으로 “Look who’s talking”(사돈 남 말 하네) 외에 또 하나가 있습니다. “pot calling the kettle black” (pot은 솥, kettle은 주전자. 둘 다 stove 위에 올려진 처지에서 누가 누굴 보고 검다고 하느냐! 라는 데서 유래한 표현입니다. 우리말로 『뭐 묻은 개가 겨 묻은 개 나무란다』 고 하지요.

《명심보감》 정기편 (正己篇)에 이런 문구가 나옵니다.

- **욕량타인 (欲量他人)이어든, 선수자량 (先須自量) 하라.**
  다른 사람을 헤아려 비평하려거든 모름지기 먼저 자신부터 헤아려 비평하라.

다시 한번 되새겨봅니다.

A penny saved is a penny earned.

『1전을 절약하는 것은 1전을 버는 것이다』 즉 『절약하는 것이 버는 것이다』 라는 뜻의 속담입니다.

예문을 보시겠습니다.

Now that you have your first job, you ought to open a savings account. A penny saved is a penny earned.
(첫 직장을 가졌으니 통장을 하나 개설해야 한다. 절약하는 것이 버는 것이야)

Mary worked hard to save money; she knew that a penny saved is a penny earned.
(Mary는 열심히 일해서 저축을 했습니다. 그녀는 절약하는 것이 버는 것이라는 걸 알고 있었습니다)

✽《명심보감》 정기편 (正己篇)에 이런 문구가 나옵니다.

- 복생어청검 (福生於淸儉)하고,
  덕생어비퇴 (德生於卑退)니라

  복은 청렴하고 검소한 데서 생기고
  덕은 겸손하고 사양하는 데서 생긴다.

"A penny saved is a penny earned" 와 함께 새겨 둬야 할 문구가 되겠습니다.

Call it even.

친구가 전에 점심을 한 번 샀습니다. 그럼 나도 언젠간 한번 사야 한다는『마음의 빚』을 지게 되지요. 꼭 점심은 아니더라도 술이나 선물, 도움 등 다양한 형태로 보답을 해야 한다는 의무감마저 가지게 되는 게 보통 사람의 마음입니다. 내가 그 친구에 대한 마음의 빚을 갚았을 때를 "call it even"이라고 표현합니다. 딱히 우리말로 표현을 하자면『이것으로 비기다, 공평하게 하다, 비긴 걸로 하다』정도가 되겠네요.

예문을 읽어 보시면서 연습해 보세요.

Since you paid for dinner last time, I'll pay this time, and we'll call it even.(네가 전에 저녁을 샀으니 이번엔 내가 살게. 그럼 이걸로 비긴거다)

I made a mistake and he also did something wrong to me so we decided to call it even.
(나도 실수를 했고, 그도 나에게 잘못 한 게 있고 그래서 그냥 없던 일로 하기로 했다)

✽ 사람이 살다 보면, 이익을 볼 때도 손해를 볼 때도 있기 마련인데, 많은 사람들은 무의식적으로 내가 준 만큼 받았는지를 계산하며 머릿속으로 손익을 따지게 되어 서로 서운함을 갖게 되는 경우가 많습니다. 《채근담》에 나오는 말입니다.

- 아유공어인 (我有功於人), 불가념 (不可念)，이과즉불가불념 (而過則不可不念)
  인유은어아 (人有恩於我)，불가망 (不可忘)，이원즉불가불망 (而怨則不可不忘)

  내가 남에게 베푼 공은 마음에 새겨 두지 말아야 하고,
  내가 남에게 저지른 잘못은 마음에 새겨 두어야 한다.
  남이 나에게 베푼 은혜는 잊어서는 안되고,
  남이 나에게 끼친 원망은 잊어버려야 한다.

To handle others use your heart.

To handle yourself use your head, to handle others use your heart.

『자기자신은 차가운 머리로 다루고, 다른 사람은 따뜻한 가슴으로 대하라』

BBC의 『천년을 빛낸 100인의 위인들』에 선정된 엘리너 루즈벨트*의 명언입니다.

✽《채근담》에 **대인춘풍(待人春風) 지기추상(持己秋霜)** 이라는 문구가 나옵니다.

『스스로에게는 가을 서리처럼, 상대방에게는 봄 바람처럼 대하라』라는 뜻이지요.

일반적으로 자신에게는 관대하면서 남에 대해서는 냉철하게 비판을 하기가 쉽습니다.

"보이지 않는 곳에서 삼가고 들리지 않는 곳에서 두려워해야 군자"라고 중용(中庸)에서도 가르침이 있습니다.

자신에게는 엄격하게, 상대에게는 따듯한 마음으로 관대하게 대한다는 게 말처럼 쉽지는 않겠지만, 늘 실천하는 자세로 스스로 되돌아보아야 하겠습니다.

---

* **엘리너 루즈벨트 (Eleanor Roosevelt (1884-1962) : 미국 32대 대통령 프랭크린 D. 루즈벨트의 영부인)**

Play dumb.

play는『~한 행동을 취하다』, dumb은『멍청한 사람』또는 실제로『말을 못하는 장애인』을 뜻하지요.

《dumb and dumber》라는 영화 기억하시는 지요? 그때 쓰인 dumb이 바로『멍청한 사람』또는『바보』라는 의미입니다. 그래서 "play dumb"하면『멍청하게 행동하다』,『모르는 척하다』라는 의미의 관용 표현입니다.

예문을 보시죠.

"Hide what?" Audrey said, still playing dumb.
("숨기길 뭘 숨겨?" 모르는 척 하면서 Audrey가 말했다.)

You know what I'm talking about, don't play dumb with me.
(내가 무슨 얘기하는 지 알잖아. 모르는 척 하지마)

✽ 영영사전의 의미는 중국의 유명한《손자병법 (孫子兵法)》36계중 제27계인 가치부전 (假痴不顚)과 정확히 일맥상통하고 있습니다.

가치부전 (假痴不顚). 즉,『어리석은 사람처럼 가장하라. 그러나 진짜 미친 것은 아니다』. 이는 상대방이 자신의 재능이나 식견을 감추어 상대방으로 하여금 경계심을 품지 않게 함으로써 본인이 원하는 바를 쟁취하기 위해 사용하는 계략입니다.

몇 년 전, 36계를 배우면서 상대를 이기기 위해 수단과 방법을 가리지 않는 계략이 많기에 개인적으로 공감이 가지는 않습니다만, 소위 '성공'을 위한 계략으로 현대사회에서도 통한다는 점은 씁쓸함을 남깁니다. 참고삼아 읽어 봐도 좋을 듯합니다.

Placebo effect VS. Nocebo effect

『플라시보 효과』 라는 말은 한번쯤 들어 보셨죠?
라틴어로 『기쁘게 한다』 라는 뜻을 가진 『플라시보』 는 『위약』 『가짜약』 을 의미합니다.

플라시보 효과는 실제로는 치료에 생리적으로 도움이 되는 약이 아님에도 환자가 그럴 것이라고 믿고 복용함으로써 실제로 병세가 호전되는 현상을 말합니다. 『위약효과』 라고도 합니다.

플라시보 효과는 의학이나 심리학뿐 만 아니라 정치, 경제 등 여러 분야에서도 사용이 되면서 『실제로는 없으나 존재할 것이라는 기대감으로 인해 나타나는 실제효과』 라는 정의도 생기게 됩니다.

이와 반대로, 부정적인 믿음이 실제로는 해를 끼치지 않음에도 불구하고 실제로 해를 끼치게 되는 효과를 'Nocebo effect'라고 합니다.

✽《화엄경》에 나오는 **일체유심조 (一切唯心造)**

『일체의 모든 것은 오로지 마음에 있다.』 즉, 『모든 것은 마음먹기에 달려있다』 . 이 말을 여러분과 함께 다시 마음에 새기고 싶어 'placebo'와 'nocebo'를 살펴보았습니다.

행복하다고 생각하면 행복해 보이고
불행하다고 생각하면 불행한 것이 아닐까 합니다
지금 나 자신의 모습은 나 자신의 생각에서 비롯된 것이니까요.

매사에 늘 긍정적인 좋은 쪽으로 생각 하고 행동하는 그래서 더더욱 행복해지는 날들이 되시기를 진심으로 바라는 마음입니다.

Don't bite the hand that feeds you.

직역하면『먹이를 주는 주인의 손을 물지 말라』가 되겠죠.『은혜를 원수로 갚지 말라』『은혜를 베푼 사람을 배신하지 말라』『은혜를 저버리지 마라』라는 뜻의 속담입니다.

예문입니다.

Leaving the company after they've spent three years training you up – it's a bit like biting the hand that feeds you.
(3년동안 교육을 받고 회사를 떠나는 것은 은혜를 저버리는 행동이다)

It is unwise to bite the hand that feeds you, but TV journalists need to tell the truth about the news business.
(은혜를 원수로 갚는 것은 지혜롭지 못한 일이나, TV저널리스트들은 뉴스산업에 대해 진실을 말할 필요가 있다)

✽ 명나라 후기의 명언집인《석시현문 (昔時賢文)》에 이런 문구가 있습니다.

시혜물념 (施惠勿念) 수은막망 (受恩莫忘)

『은혜를 베풀었거든 생각하지 말고, 은혜를 입었거든 잊지를 말라』라는 의미입니다. 우리 속담에도『원수는 물에 새기고 은혜는 돌에 새겨라』고 했습니다.

『내가 베푼 은혜는 잊고 내가 받은 은혜는 잊지 마라』

새겨 두고 실천해야 하겠습니다.

It takes two to tango.

탱고 춤을 추는 데 두 사람이 필요하다? 탱고 춤을 추려면 상대가 있어야 되는 법이지요. 우리 속담에 『손바닥도 마주쳐야 소리가 난다』 에 해당하는 표현입니다. 『혼자보다는 협력해야 일이 더 쉽다』 라는 뜻과, 어떤 일에는 양 쪽이 다 책임이 있다는 두 가지의 뜻을 가지고 있습니다.

예문으로 볼까요?

A : ***He hit me first. It was not my fault!***
(그가 먼저 나를 쳤어요. 내 잘못 없어요!)

B : ***Stop it. It takes two to tango!***
(그만해. 둘 다 똑같은 녀석들이야!)

We were successful because we worked together as a team. It takes two to tango.
(우리가 성공할 수 있었던 것은 함께 한 팀으로 일했기 때문입니다. 손바닥도 마주쳐야 소리가 나는 법이지요.)

✻ 《한비자 (韓非子)》 의 공명 (功名)편에 **고장난명 (孤掌難鳴)**이라는 한자성어가 나옵니다.

외손뼉, 즉 한 **손으로는 소리가 나지 않는다는 말입니다. 혼자서는 일을 이룰 수 없음을 비유**하거나, 맞서는 사람이 없으면 싸움이 되지 않음을 비유할 때 쓰이는 문구입니다.

어떤 일을 할 때 의견이 서로 맞지 않아 일이 성사되지 않을 경우, 『손바닥도 마주쳐야 소리가 나지』 라고 합니다. 고장난명과 같은 뜻인 우리말 속담인데 "It takes two to tango"와도 같은 의미가 되겠습니다.

Eat one's word.

자신이 한 말을 먹다? 무슨 뜻일까요.

『앞서 한 말을 취소하다, 그 말이 잘못되었다는 것을 인정하다』 또는 『자신의 잘못을 인정하다』 라는 뜻의 관용구입니다.

예문입니다.

Sam said it would never sell, but when he sees these sales figures, he'll have to eat his words.
(Sam은 그 제품은 절대 안 팔릴거라고 얘기했지만, 판매수치를 보게 되면 본인의 말을 취소해야 할 것이다)

You shouldn't say that to me. I'll make you eat your words.
(너는 내게 그렇게 얘기해서는 안되. 네 잘못을 인정하게 만들어줄 거야)

✽ **사불급설 (駟不及舌)**이라는 사자성어가 있습니다.

『한번 뱉은 말은 네 마리의 말이 끄는 아주 빠른 마차로도 따라잡지 못한다』 는 뜻이지요.

말한마디로 천냥 빚을 갚은 수도, 말 한마디가 칼날 같은 비수가 될 수도 있는 큰 힘을 가지고 있습니다.

한번 내뱉으면 주워담을 수 없는 '말'의 중요성을 다시 한번 되새겨, 내가 내뱉은 말에서 늘 부드러움과 긍정에너지로 가득할 수 있기를 바라며 "eat word" 하는 일이 없도록 늘 언행에 주의를 해야 하겠습니다.

From listening comes wisdom.

From listening comes wisdom, and from speaking repentance.

『경청에서 지혜가 나오고, 말하는 데서 후회가 나오게 된다』

repentance가 어렵나요? repent (뉘우치다, 후회하다)라는 동사의 명사형으로 뉘우침, 회개, 후회 라는 뜻의 단어입니다.

Knowledge comes from learning, wisdom comes from living.
(지식은 배움으로부터 나오고 지혜는 살면서 생긴다)

그런데, 우리가 오늘 배우는 문장은 순서가 이상하죠? Wisdom comes from listening이 맞는데 From listening comes wisdom 주어와 동사가 바뀌었네요.

『강조를 위한 주어동사 도치』 라고 합니다. 학창시절 배웠던 도치구문 어렴풋이 기억하시죠? 이게 바로 그 도치 구문입니다.

✽ **청이득심 (聽以得心)** 이라는 말이 있습니다. 『**남의 말을 잘 듣는 이가 사람의 마음을 얻는다**』 라는 뜻이지요. 그냥 듣는 게 아닌 『경청』 을 말합니다.

경청이란 『귀를 기울여 듣는 것』 이지요. 사회적 지위가 높아 질수록, 나이가 더 들수록, 남의 말을 경청하는 능력이 떨어진다는 통계조사 결과는 스스로를 한번 돌아봐야 하는 대목입니다.

『**성공하는 사람과 실패하는 사람의 대화습관엔 하나의 뚜렷한 차이가 있다. 바로 경청하는 습관이다**』 라는 스티븐 코비 박사의 말 또한 같은 맥락입니다.

말하는 이로 하여금 마음을 열게 하는 효과가 있는 경청. 앞으로는 누구를 만나든 내 얘기를 하기에 급급하기 보다는 상대에게 관심 어린 질문을 던지고 경청을 해보세요.

Put yourself in my shoes!

『입장 바꿔 생각해봐』 라는 뜻의 표현입니다. "Put yourself in one's shoes"
『다른 사람의 입장이 되어보다, 역지사지의 자세를 가지다』 라는 뜻이 됩니다.
(In someone's situation) Shoes 대신 place를 써도 같은 뜻이 됩니다.

그럼 응용을 해볼까요?

"당신이 저라면 어떻게 하겠어요?" 를 영어로 해보세요.
"What would you do (if you were) in my shoes?"

"내가 당신이라면 절대 포기하지 않을 겁니다!"
" If I were you, I would never give it up!"

"그녀의 입장에서 생각해보세요."
" Put yourself in her shoes"

✽ 우리모두 잘 알고 있는 **역지사지 (易地思之)**. 참 좋은 말이지요.

도정일 교수는 《대담》 이라는 도서에서 역지사지 (易地思之)란 『**울타리를 열어서 타인을 받아들이거나, 타인의 울타리속으로 걸어 들어가야 한다는 것이다**』 라고 정의합니다.

마음의 울타리는 꼭 닫아 놓은 채, 입으로만 역지사지를 운운한 것은 아니었는지 돌아봐야겠습니다. 울타리를 연다는 것은 상대방의 이야기에 열린 마음으로 귀를 기울인다는 것이지요.

진정한 역지사지가 실천이 되려면 **허심탄회 (虛心坦懷)** : open mind가 우선 선행이 되어야 할 것이라고 생각됩니다.

None is so blind as those who won’t see.

보려고 하지 않는 사람처럼 눈이 먼 사람은 없다.

철학적인 표현입니다. 남의 조언도 듣지 않으려고 하고, 눈앞의 진실도 보지 않으려고 하는 닫힌 마음을 가진『눈 뜬 장님』을 일컫는 말이지요.

진실을 외면하는 자가 진정한 장님이다. 또는『남의 조언을 듣지 않으려는(won't listen) 사람처럼 귀머거리(deaf)가 없다』라는 해석도 됩니다.

(Nobody is blinder than the person who decides not to see. Often in reference to prejudice and intolerance.)

큰 조직에서는 위로 올라갈수록 보고 싶은 것만 보고, 듣고 싶은 것만 듣는, 닫힌 마음, 편견(prejudice)과 편협함(narrow mind)으로 소통을 하는 사람들이 많다고 합니다. 아마도 위로 올라갈수록 그런 성향으로 바뀐다고 하는 게 맞겠지요.

늘 “I may be wrong”이라는 마음가짐을 가지고 있다면, 언제나 열린 마음으로 소통을 할 수 있지 않을까 하는 생각입니다.

✤ **허심탄회 (虛心坦懷) - 마음을 비우고 생각을 터놓음.** 영어의 open mind가 바로 허심탄회입니다.

미국 텍사스대학의 제임스 W. 페니베이커 교수의 언어분석 연구결과를 보면, 부정어 사용을 최소화하고 허심탄회한 표현을 글이나 말을 통해 자주 하게 되면 자신의 내면에 있는 여러가지 왜곡된 측면들이 자연스럽게 제자리를 찾아간다는 흥미로운 결과가 있습니다.

내가 속한 모든 대인관계속에서 눈뜬 장님, 들리는 귀머거리가 되지 않으려면, 우리모두 열린 마음으로 허심탄회한 소통을 해야 할 것입니다.

You deserve it

이 표현은 두가지의 상반된 뜻을 모두 가지고 있습니다. 칭찬, 비판 모두 쓰일 수 있지요. deserve라는 동사는 『~ 받을 만 하다』 『~해야 마땅하다』 라는 의미를 가지고 있습니다.

그래서 누군가에게 좋은 일이 생겼을 때 『그것을 받아 마땅하다, 받을 자격이 있다』 의 뜻으로 쓰입니다. 안좋은 일이 생겼을 때 또한 『그런 일이 생겨 마땅하다』 『그럴 만 하다』 라는 자업자득 (自業自得)의 의미로도 쓰인답니다. 그러니 더더욱 사용에 있어 조심해야 하겠지요?

예문입니다.

A : ***I've got promoted! I can't believe it!***
(저 승진했어요. 믿을 수가 없어요!)

B : ***Wow, congratulations! You are such a hard worker, and you deserve it!*** (와우, 축하해. 넌 열심히 일 했잖아. 넌 그럴 자격이 있어!)

VS.

A : ***I failed in the exam.***
(시험에 떨어졌어요.)

B : ***You deserve it. You didn't prepare at all.***
(그래도 싸지. 준비를 전혀 안 했잖니)

✽ 『자업자득 (自業自得)이다』 라는 후자의 의미일 경우, 같은 표현이 하나 더 있습니다. "It serves you right" 『쌤통이다』 라는 의미가 담겨있는 표현이니 이런 표현은 쓸 일이 없어야 하겠지요?

Chapter 3

"속담 영어를 만나다"

(속담, 격언)

성년부중래 (盛年不重來) - 젊은 날은 두 번 다시 오지 않는다
일일난재신 (一日難再晨) - 하루에 두 번 새벽이 반복되지 않는다
급시당면려 (及時當勉勵) - 그러니 순간순간을 최선을 다해 살아라
세월부대인 (歲月不待人) - 세월은 사람을 기다려 주지 않는다

인적이 끊긴지 오래된
효자동 어느 골목길의 녹슨 대문은
언제쯤 손님을 맞을까... … photo & essay by 才全

Two wrongs don't make a right.

무슨 뜻일까요?

직역하면『두 개의 그르침이 하나의 옳음을 만들지 않는다』즉,『악을 악으로 대한다고 선이 되는 것은 아니다』라는 뜻이지요.『자기에게 잘못한 사람에게 그 잘못을 되갚아준다고 상황이 나아지는 것은 아니다』라는 뜻의 속담입니다.

예문을 볼까요?

Julia : ***I'd really like to humiliate Fred, after he made fun of me in front of everyone at lunch.***
(Fred가 점심때 사람들 앞에서 나를 가지고 놀렸기 때문에 나도 그에게 창피를 주고 싶어)

Jane : ***Now, now, Julia. Two wrongs don't make a right.***
(자, 자, Julia. 악을 악으로 갚아 봐야 좋을 게 없어)

♠ 알버트 아인슈타인*의 명언이 있습니다. **『약한 사람은 복수하고, 강한 사람은 용서하며, 현명한 사람은 무시한다』**

간디**도 이런 명언을 남겼죠. **『약한 자는 절대 누군가를 용서할 수 없다. 용서는 강한 자의 특권이다』**

막상 황당하거나 억울하거나 열 받는 일을 당하면 이 말을 실천한다는 게 범인으로서는 쉬운 일은 아닌 것 같습니다. 그래도 옳은 진리이니 실천하도록 노력해야 하겠습니다.

* 아인슈타인 (Albert Einstein (1879-1965): 독일출신 유태계 이론 물리학자, 상대성이론 발표)
** 간디 (Mohandas Karamchand Gandhi (1869-1948): 인도의 정치가, 정신적 지도자)

My way or the high way.

한번쯤 들어 보셨을 표현. 왠지 귀에 익지 않으세요?

원래 It's either my way, or the highway라는 문장이 full sentence인데 My way or the highway로 줄여서 쓰입니다.

『내 길을 가던지, 아니면 고속도로를 타고 떠나라』 즉, 『내가 하자는 대로 하던지 아니면 떠나라』 라는 관용 표현입니다. 단기 업적 만을 강조하는 미국계 회사에서 많이 들을 수 있는 표현이기도 하지요.

오래된 표현이기도 하구요. 영화나 드라마에도 자주 나온답니다.

예문을 보겠습니다.

My boss seems to believe in my way or highway. He micromanages everyone and fires anyone who disagrees with him about anything.
(우리 보스는 중이 절이 싫으면 떠나라는 식이다. 그는 모든 사람에게 시시콜콜 참견하면서 자신의 의견에 반대하는 사람은 해고시킨다)

✽ 이 표현은 **『자신은 항상 옳고, 자신의 의견에 동조하지 않는 사람은 떠나라』** 는 뜻이 담겨 있는 표현입니다.

한마디로 흑백 논리적이고 독선적인 태도이지요. 커뮤니케이션에 있어 최악의 태도라고 생각합니다.

이런 표현은 쓰실 일이 없어야 하겠지만 기억은 해두시기 바랍니다.

Darkest hour is just before the dawn.

동트기 직전이 가장 어둡다. 즉, 가장 힘든 최악의 상황이 지나고 나면 빛이 보인다. **힘든 일이 지나면 좋은 일이 생긴다**는 의미의 속담입니다.

예문 보시겠습니다.

Jill : ***I feel like giving up. I don't have a job, my boyfriend left me, and they're raising the rent for my apartment.***
(다 포기하고 싶어. 직장도 없지, 남자친구도 떠났지, 집주인이 집세도 올린다고 하네)

Jane : ***Cheer up! It's always darkest just before the dawn.***
(기운내. 최악의 상황이 지나고 나면 좋은 일이 생기게 마련이야)

✲ 이 속담에 해당하는 사자성어가 떠오르시죠? **고진감래 (苦盡甘來)** 맞습니다.

쓴 것이 다하면 단것이 온다. 즉, 고생이 끝나면 곧 즐거운 일이 오게 된다.
"There's light at the end of the tunnel." 또한 같은 의미의 속담입니다.

고진감래 (苦盡甘來)의 반대말도 함께 알아 두세요. **흥진비래 (興盡悲來)**입니다.
"즐거운 것이 다하면 슬픈 것이 온다"라는 뜻이지요.

고진감래 (苦盡甘來), 흥진비래 (興盡悲來).

만남도, 헤어짐도, 기쁨도, 슬픔도, 괴로움도, 즐거움도, 인생은 돌고 도는 것이니 일희일비 (一喜一悲) 하기 보다는 관조적인 자세로 모든 걸 받아들이면, 조금 더 마음의 여유가 생기지 않을까 하는 생각입니다.

It ain't over till the fat lady sings.

2006년 실베스터 스텔론을 스타로 만들었던 영화《로키》가 재 탄생하여 나온《Rocky Balboa (로키 발보아)》라는 영화에 나왔던 유명한 catch-phrase (캐치프레이즈). It ain't over till it's over. **『끝날 때 까진 끝난 게 아니다』**

우리말에도『뚜껑을 열어 보기 전엔 아무도 모른다』『길고 짧은 건 대봐야 안다』『(골프에서) 마지막홀 장갑 벗기 전까진 아무도 모른다』등등의 표현이 있지요. 이에 해당하는 영어 속담입니다. 일반적으로 많이 쓰이지만 주로 스포츠 경기 관련해서 아주 많이 쓰입니다.

이 속담은 **완전히 끝나기 전엔 그 누구도 결과를 알 수 없는 일이니 섣불리 결과를 추측하지 말라는** 교훈을 담고 있습니다.

예문입니다.

Don't ever give up! It ain't over till the fat lady sings.
(절대 포기하지 마. 끝까지 가봐야 아는 거야!)

♠ 그런데 왜 fat lady가 노래하기 전까진 모른다고 했을까요? 이 속담의 재미있는 어원을 알아보겠습니다. 이전부터 오페라 여가수 소프라노는 대개 뚱뚱하다는 편견에서 비롯한 표현인데요. 이 속담은 독일의 작곡가 리하르트 바그너의《니벨룽겐의 반지》에서 유래합니다.

4개의 악극 중 마지막 악극인 《신들의 황혼》
(Götterdämmerung) 마지막 부분에 여전사 (발키리)가 나와서 노래하는데요. 《신들의 황혼》이 이세상의 종말에 관련된 내용이라 『소프라노 fat lady가 노래하기 전까진 끝난 게 아니다』라는 데서 유래했다고 하니 참 재미있습니다. [발췌: Wikipedia 원문]

Honey catches more flies than vinegar.

꿀이 식초보다 더 많은 파리를 잡는다! 뜻이 감이 오나요?

불친절함 보다는 친절함으로 사람들이 당신에게 협력하도록 하는 게 더 쉽다. 즉, 상냥함이 무례함보다 더 효과적이라는 뜻을 가진 속담입니다.

예문 보시겠습니다.

Alex : ***This meal is terrible. Let's get the restaurant manager over here and make a scene unless he gives us our money back.***
(이 음식은 끔찍하군. 식당 매니저 불러서 환불 안 해주면 소란 좀 떨자)

Shirley : ***We might have more luck if we ask politely. You can catch more flies with honey than with vinegar.***
(공손하게 부탁해야 더 잘 통할지도 몰라. 상냥함이 무례함보다 더 효과적이라는 속담도 있잖아.)

♠ 상대의 마음을 움직이게 하는 커뮤니케이션 방법에 대해 기본을 알려주는 속담인 것 같습니다. 강압적이거나 무례한 요구에는 상대방이 본능적으로 방어적인 자세를 취하게 되죠.

웃는 얼굴에 침 못 뱉는다고, 상대방의 입장에서 이해하려고 노력하고, 존중하는 마음으로 요청을 한다면 단칼에 거절할 사람이 몇이나 될까요?

Best things in life are free.

깊이 공감하는 속담입니다. 『인생에 있어서 최고의 것들은 돈이 들지 않는다』

무슨 뜻일까요? 『**행복 (happiness), 우정 (friendship), 건강 (good health)과 같은 중요한 것들은 돈이 들지도 않지만, 돈으로 살 수도 없는 것이다**』 라는 깊은 뜻을 지닌 속담입니다.

예문으로 연습해 보시죠.

Yesterday I took my children to the zoo. We didn't spend a penny, but we had a wonderful time. The best things in life are free.
(어제 아이들을 데리고 동물원에 갔어요. 돈은 한 푼도 안 썼지만 우리는 즐거운 시간을 보냈어요. 인생에서 최고로 중요한 것은 돈이 들지 않아요)

♠ 사람마다 인생관이 각각 다르겠지만, 인간으로서 인생에서 가장 중요하게 생각하는 가치는 비슷하다고 생각합니다.

사랑, 행복, 우정, 건강 등 말이죠. 이것들 중 그 어느 하나도 돈으로 살 수는 없습니다.

Because all of them are free!

가진 것이 많아도 불행할 수 있고, 가진 것이 적어도 행복할 수 있습니다.

부유한 사람도, 그렇지 못한 사람도 똑같이 행복할 수 있고, 사랑, 우정, 건강, 자유를 누릴 권리를 타고 났습니다.

행복은 남과의 상대적 비교, 외부에서 찾는 게 아니라 바로 내 마음 안에서 찾아야 하는 것이라고 생각합니다.

Grin/smile from ear to ear

직역하면 『귀에서 귀까지 웃다』 즉, 『입이 찢어지게 활짝 웃다』 라는 뜻입니다.

우리말에 『입이 귀에 걸리다』 라는 말이 있지요. 『입이 귀에 걸리도록 활짝 웃다』 라는 표현입니다. grin은 『이빨이 보일 정도로 활짝 웃다』 라는 의미의 동사입니다.

예문 보시죠.

She was grinning from ear to ear as she accepted the prize.
(그녀는 수상하면서 입이 귀에 걸리도록 활짝 웃었다)

We knew Tommy was happy because he was grinning from ear to ear.
(Tommy가 입이 찢어지도록 활짝 웃고 있는 걸 보아 행복하다는 걸 알았다)

♠ 관련 표현으로 "be full of the joys of spring"이라는 표현도 함께 기억해 두세요.

행복하고 에너지 넘치다 (be very happy and full of energy) 라는 뜻의 표현입니다.

- **일소일소일노일노 (一笑一少一怒一老)라고 하였습니다.**
  한번 웃으면 한번 젊어 지고, 한번 성내면 한번 늙는다.

일이 잘 풀리지 않거나, 날씨때문에 불쾌지수가 올라가 짜증이 나신다면, 좋은 생각 많이 하시고 'full of the joys of spring' 하시고 입이 귀에 걸릴 정도로 웃을 일이 많이 있기를 바랍니다.

Men are blind in their own cause.

『사람들은 제 일에는 눈이 먼다』 라는 뜻의 속담입니다.

일반적으로 영어표현 관련 책에는『등잔 밑이 어둡다』 또는『팔은 안으로 굽는다』 라고 설명을 하고 있는데요. 상황에 따라 그렇게 쓰이기도 하지만, 정확한 이해를 위해서는 영어 설명을 읽어 보시면 더 이해도가 높아집니다.

They are so convinced that they are in the right that they can never see things from the other person's point of view.
(자신이 옳다고 굳게 믿고 있는 일에 관해서는 다른 견지에서 그 일을 바라보는 식견을 잃게 마련이다)

If, for example, you are too ardently nationalistic you will become blind to the defects in your own country.
(예를 들어 당신이 열렬한 국수주의자라면, 당신의 국가에 맹목적이 되어 단점을 볼 수가 없게 된다)

♠ 강한 신념, 확신을 conviction이라고 하지요.

아무리 내가 확신하는 일이나 현상에 대해서도 늘 다른 견지에서도 바라볼 수 있는 유연한 사고 (flexible thinking)와 내가 틀릴 수도 있다 (I may be wrong)는 열린 마음 (open mind)이 진정한 리더의 기본 덕목이 아닐까 하는 생각입니다.

물론 이럴 수 있기 위해서는 자신감과 겸손함이 뒷받침이 되어야 가능하다고 생각합니다.

This too shall pass.

오늘은 좋은 문구를 하나 배워보겠습니다. 너무 유명해서 이미 아시는 분들도 많겠지만, 새기고 또 새겨 두어도 아깝지 않은 그런 문구입니다. 다윗왕이 궁중의 세공인에게 명령했습니다.

『나를 위한 아름다운 반지를 하나 만들라. 반지에는 내가 큰 승리를 거둬 기쁨을 억제치 못할 때, 그것을 조절할 수 있는 글귀를 새기도록 해라. 또한 그 글귀는 내가 큰 절망에 빠졌을 때 용기를 함께 줄 수 있는 글귀여야 한다』

세공인은 아름다운 반지는 만들었지만 어떤 글귀를 새길 지 고민하다 솔로몬 왕자에게 도움을 청하였습니다. 『왕의 큰 기쁨을 절제하는 동시에 크게 절망했을 때 용기를 줄 수 있는 글귀가 어떤 게 있을까요?』

솔로몬 왕자가 말하였습니다. 『**이 또한 지나가리라**』 (original 표현은 Soon it shall also come to pass. 입니다)

『승리에 도취한 순간에 왕이 이 글을 보면 자만심은 곧 가라앉을 것이고, 동시에 왕이 절망 중에 이 글을 보게 되면 이내 큰 용기를 얻을 것입니다』

Lanta Wilson Smith의 "This, Too Shall Pass Away"라는 시에도 이런 말이 나옵니다. (좀 길어서 제가 요약을 했습니다.)

거대한 슬픔이 몰아치는 매 힘든 순간에 그대의 마음에 말하라.
이 또한 지나가리라.

근심 없는 나날이 환희와 기쁨으로 다가올 때 그대의 마음에 깊이 새겨라.
이 또한 지나가리라.

삶의 가장 길고 장대한 이야기도 이 세상사에서는
짧은 한 순간에 불과하다는 것을 기억하라.
이것 또한 지나가리라.

There’s light at the end of the tunnel.

『**고생 끝에 낙이 온다**』 라는 속담과 정확히 들어맞는 것 같습니다.

어두운 터널을 지나가는 것은 고생길에 터널 끝에 보이는 빛은 희망을 말하는 것이겠지요. **어려움과 고난 이후에는 반드시 좋은 일이 생기니 희망을 가지고 긍정적으로 대하라**는 메세지를 담고 있습니다

(Remain hopeful and positive: there's always something good and useful after a long period of hardship and despair.)

이 속담은 1922년으로 거슬러 올라가는데요. 1962년 존 에프 케네디 대통령이 인용을 하면서 유명해졌다고 합니다.*

♠ 지금 힘들고 어려운 일을 겪고 계시다면, 이 속담과 함께 우리가 앞에서 배웠던 명언을 다시 한번 읽어 보시고 힘내시기 바랍니다.

"There’s light at the end of the tunnel."
"This too shall pass."

* 출처 : 『Random House Dictionary of Popular Proverbs and Sayings』 by Gregory Y. Titelman (Random House, New York, 1996).

Good things come in small packages.

『좋은 것들은 작은 포장안에 있다』 즉, 귀금속과 같이 값진 것들은 작은 포장 속에 들어 있다는 뜻인데요. 덩치만 크면 좋다는 인식에 경종이 될 수 있는 격언입니다. 사람, 회사, 집, 선물 등 많은 대상에 비유가 가능하겠죠. **무조건 큰 게 좋은 건 아니라 실속이 중요하다는 교훈을 주는 속담**입니다.

예문입니다.

Jill : ***I'm upset at George. He only gave me this tiny box for my birthday.***
(George 때문에 짜증나. 생일선물로 조그만 상자 하나 주네)

Jane : ***Don't get upset till you know what's in it. Good things do come in small packages.***
(내용물을 확인하기 전엔 짜증내지 마. 값진 물건은 작은 포장 속에 있다는 말도 있잖아)

Child : ***I hate being so short.***
(전 키가 작은 게 너무 싫어요)

Grandmother : ***You shouldn't. The best things come in small packages.***
(예야 그러지 마라. 크다고 무조건 좋은 게 아니다)

♠ 저희들이 목표로 하는 강소기업에도 해당되는 말인 것 같습니다. 대부분 많은 사람들이 단순히 매출액규모, 직원 수로 회사를 판단하는 경우가 많은데요. 그런 경우에도 사용될 수 있는 속담이랍니다.

The best things come in small packages!

Clothes make the man.

우리말의『옷이 날개다』에 해당하는 영어 속담입니다.

예문을 보실까요?

Jim was always careful about how he dressed. He believed that clothes make the man.
(Jim은 늘 옷을 입는 데 신중하다. 그는 옷이 날개라는 말을 믿는다)

♠ Clothes don't make the man이라는 속담 또한 있습니다.

『외모로 사람을 판단하지 말라』라는 뜻이지요.

영어로는 상반된 표현이지만 의미상으로는 모두 옳은 뜻이라고 생각합니다. 사람을 판단할 때 옷차림이 가장 중요한 것은 아니지만, 옷을 잘 입는 것은 정말 중요한 것이지요.

옷을 잘 입는 다는 것은 화려하거나 비싼 옷의 치장이 아니라 TPO (Time, Place, Occasion) 즉, 시간 · 장소 · 상황에 맞게 입는 것을 말합니다.

Smart coat is a good letter of introduction. (말쑥한 옷차림은 좋은 소개장이다) 또한 같은 뜻의 속담입니다.

A stitch in time saves nine.

직역하면 『제때의 한 땀은 아홉 땀을 번다』 『제때의 바느질 한번이 나중에 아홉 번 하는 것을 덜 수 있다』

문제를 즉각 처리하면 훨씬 더 수월하게 해결할 수 있다는 뜻입니다. 즉, **처리할 일을 미루지 말고 제때에 하라**는 교훈을 담은 속담입니다.

비슷한 우리 속담은『호미로 막을 것을 가래로 막는다』 『사후약방문』이 되겠습니다.

예문으로 연습해 볼까요.

Let's patch the roof before that hole gets bigger. A stitch in time saves nine.
(지붕에 난 구멍이 더 커지기 전에 빨리 때웁시다. 제때의 한 땀은 아홉 땀을 벌지요)

Start working on fixing the problem from now, guys! A stitch in time saves nine.
(여러분, 문제해결을 위한 작업을 지금부터 시작하세요. 제때의 한 땀은 아홉 땀을 법니다)

♠ 대부분의 사람들이 어려운 숙제, 해결하기 곤란한 난제 들을 뒤로 미루고 쉬운 일, 또는 내가 좋아하는 일부터 처리합니다.

코르둘라 누스바움이 쓴 책《하기 싫은 일을 먼저 하라》에서 저자는『자기관리 중에 중요한 미션 중의 하나가 "일의 우선순위를 정하는 것"이다』라고 하고 있습니다. 또한 그는『**하기 싫은 일을 먼저 하라**』고 권합니다.

실천이 쉽지는 않지만 노력해야겠다는 생각이 듭니다.

(Finding) a needle in a haystack.

우리 속담에 『사막에서 바늘 찾기』 『한양에서 김 서방 찾기』 라는 말이 있지요. 이에 해당하는 영어 속담입니다.

거의 불가능한 일을 이르는 표현입니다. (haystack은 건초더미)

예문입니다.

It's pretty much a needle in a haystack because these fish are extremely hard to find.
(이 물고기들은 찾기가 정말 어렵기 때문에 사막에서 바늘 찾기나 다름없다)

Finding the piece of paper I need in this huge pile of documents is like trying to find a needle in a haystack.
(이 거대한 서류더미에서 내가 필요한 서류를 찾는다는 것은 사막에서 바늘 찾기와 같다)

♠ "It's almost impossible"과 "It's like finding a needle in a haystack"은 같은 의미지만 전달되는 느낌은 후자가 더 완곡하게 들립니다. 직설법 보다 은유적인 표현을 많이 쓰는 이유입니다.

여러분도 은유적인 관용표현을 잘 기억해 두셨다가 많이 활용하시면 영어 수준이 한 단계 레벨 업 될 것입니다.

A small leak will sink a great ship.

『작은 구멍이 큰 배를 가라 앉힌다』 라는 속담이 있습니다.

여기서 leak은 동사로 『(액체 혹은 기체가) 새다』 명사로는 『(액체 또는 기체가) 새는 곳 (구멍)』 을 의미합니다.

♠ 미국의 범죄학자인 제임스 윌슨과 조지 켈링이 1982년 3월에 공동 발표한 **《깨진 유리창의 법칙》 (Broken Window Theory).**

깨진 유리창 하나를 방치해 두면, 그 지점을 중심으로 범죄가 확산되기 시작한다는 이론으로, 사소한 무질서를 방치하면 큰 문제로 이어질 가능성이 높다는 의미를 담고 있으며 이 속담과 일맥상통하고 있습니다.

반대로 사소한 문제의 해결이 큰 문제를 해결하는 열쇠가 된다는 뜻도 되겠습니다.

참고로 영어 해설을 올립니다.

It means that even small faults, if left unattended, can have very serious consequences just as a small leak will eventually let in so much water that even a large ship will sink.

A small leak (small problem) can grow bigger and bigger if you don't fix it.

So basically if you have a problem but you don't do anything about it, it will get worse and kick you back later on, except it'll be a bigger problem.

Half the battle

'half the battle'은 어떤 일의 가장 어려운 부분 또는 일의 가장 힘들거나 중요한 부분을 나타내는 표현입니다.

18세기 속담인 'The first blow is half the battle. - 선수를 치면 반은 이기고 들어간다'에서 유래되었다고 합니다.

"half the battle is won"이라는 형태로도 자주 사용이 됩니다.

Getting through traffic to the airport was half the battle.
(공항으로 가는 차량들을 통과하는 것이 가장 고비였다)

If you know where to look for the information, half the battle is won.
(어디서 정보를 찾아야 하는지를 안다면, 반은 해결한 것이다)

♠ 유명한 속담도 있습니다

"A good start is half the battle."
(시작이 좋으면 반은 성공한 셈이다)

우리가 알고 있는 "Well begun is half done"과 같은 의미의 속담이니 함께 기억해두세요.

It’s now or never

엘비스 프레슬리의 곡으로 더 유명한 표현입니다. It’s now or never!

『지금이 아니면 절대 못한다』 『지금이 바로 유일한 기회이다』 라는 뜻의 관용어구입니다.

예문을 읽어보세요.

As she was leaving I thought, it's now or never. So I just went to her and asked her out.
(그녀가 떠날 거라서 지금이 마지막 기회라고 생각했다. 그래서 나는 그녀에게 가서 데이트 신청을 했다)

The band is going to break up after this tour, so if you want to see them perform, it's now or never.
(이 밴드는 이번 투어가 끝나면 해체될 예정입니다. 그래서 이들의 공연을 보고 싶으시면 이번이 유일한 기회입니다)

♠ “Opportunity seldom knocks twice.”라는 속담이 있습니다. 『**기회는 두 번 오지 않는다**』 라는 뜻이지요.

엄두가 안 나는 도전(challenge)을 접했을 때, 또는 막상 기회가 주어졌을 때 머뭇거리는 경우가 종종 있습니다.

“It’s now or never”라는 마음가짐으로 부딪혀 보는 (go for it) 도전정신(challenging spirit)과 용기를 잃지 말아야 하겠습니다.

Old habits die hard

우리 속담에 『세 살 버릇 여든까지 간다』 라고 하죠. 이에 해당하는 영어 표현입니다. 오래된 습관은 고치기 힘들다는 뜻이지요.

예문을 보시겠습니다.

A : ***I heard you quit smoking. How's it going?***
(담배 끊었다고 들었는데 어떻게 되어가?)

B : ***It's painful!***
(무지 힘들어)

A : ***You know, old habits die hard.***
(오래된 습관은 버리기 힘들지)

♠ 올해에도 신년을 맞아 신년다짐 (New year's resolution)을 정하셨나요?

하나의 버릇이 하루하루의 생활이 되고 이것이 모여 그 사람의 인생이 된다고 합니다. 좋은 습관 하나가 그 사람의 인생을 변화시킨다는 말이겠지요.

연구에 의하면 하나의 습관을 형성하는데 66일의 시간이 필요하다고 합니다.

그만큼 나쁜 습관 버리기, 좋은 습관을 형성하기 모두 특별한 의지가 없이는 쉽지 않은 일입니다.

자신과의 약속 New year's resolution을 꼭 지켜 나가시길 바랍니다.

Speak of the devil

우리 속담에 『호랑이도 제 말하면 나타난다더니』 라는 말이 있지요. 이에 정확히 해당하는 영어 속담입니다.

예문 나갑니다.

Alan : ***I haven't seen Bob for weeks.***
(Bob을 안 본지가 몇 주가 지났네)

Jane : ***Look, here comes Bob right now.***
(봐, Bob이 지금 여기 왔어)

Alan : ***Well, speak of the devil. Hi there. We were just talking about you!***
(호랑이도 제 말하면 나타난다더니. 안녕! 우리 지금 네 얘기를 하고 있었어!)

♠ 이 속담의 유래는 중세시대로 거슬러 올라 가는데요. "Speak of the devil and he shall appear"의 축약된 형태로, 악마얘기를 하면 악마가 나타난다는 미신에서 비롯되어 **불길한 이야기를 꺼내면 그 일이 발생하므로 말조심하라**는 의미가 담겨있다고 합니다.

"Talk of the devil"이라고도 합니다.

Well begun is half done

『시작이 반이다』라는 아주 유명한 이 속담은 여러분도 아시다시피 모든 일에 있어서 시작의 중요성을 말해주고 있습니다.

그리스의 철학자 아리스토텔레스 (Aristotle)가 남긴 유명한 문구가 속담이 되었지요.

예문으로 연습해 볼까요?

Jill : ***I'm afraid I'll never be able to finish writing this report.***
(보고서를 다 마치지 못 할 까봐 걱정이야)

Jane : ***You've already written a good introduction. Well begun is half done.***
(이미 도입부를 잘 써 놓았잖아. 시작이 반이야)

✽ 선시반성사 (善始半成事)

좋은 시작의 중요성은 '선시반성사 (善始半成事)'라는 고사성어에도 나타납니다. **잘한 시작, 좋은 시작은 반을 달성한 것과 같다는** 뜻이지요.

첫 단추를 잘 끼운 다음 모든 과정에 최선을 다하는 노력이 뒷받침된다면 좋은 결실을 맺을 수 있을 것입니다.

It's more blessed to give than to receive.

『주는 것이 받는 것 보다 더 복되다』『받는 자 보다 베푸는 자가 더 행복하다』라는 뜻의 유명한 격언입니다.

성경에서 유래한 격언으로, 『당신이 베푸는 것은 몇 배가 되어 돌아올 것이다』

(Giving is a biblical principle that means whatever you give will be multiplied back to you)

♠ 많은 경우, 사람들은 되돌아오는 그것을 '돈'과 연관지어 생각합니다만 늘 그런 것은 아닙니다. 그것은 돈이 될 수도 있지만 사랑, 우정, 친절, 칭찬, 존경 등 그 어떤 것이 될 수도 있습니다.

(People like to think the "it" that is multiplied back is money.
That is not always the case.
The "it" is whatever you give.
It could be money, love, friendship, kindness, compliments, respect, etc.)

One rotten apple spoils the barrel.

썩은 사과 한 개가 한 통의 사과를 망친다 라는 뜻이지요. 여기서 barrel은 '통'을 의미합니다 (wine barrel, beer barrel, etc.)

우리 속담 『미꾸라지 한 마리가 온 웅덩이를 흐린다』 와 같은 뜻입니다.

예문을 보시겠습니다.

Helen is the rotten apple that spoils the barrel in our office.
(Helen은 우리 회사의 썩은 사과예요)

Everyone sees her come in late to work and take long coffee breaks, and they think, "Why can't I do the same?"
(그녀는 매일 지각을 하고, 쉬는 시간이 너무 길어지는 모습을 모두가 보면서 생각합니다. "나는 왜 그렇게 하면 안 되는 거지?")

♠ 한 명의 bad apple 직원이 부서나 조직 전체에 좋지 않은 영향을 끼치는 경험을 모두 하셨으리라 생각합니다.

그래서 더욱 더 와 닿는 속담입니다.

When one door shuts, another opens.

우리말에 『죽으라는 법은 없다』 라는 속담이 있지요? 이와 비슷한 맥락의 속담입니다.

예문입니다.

Rachel : ***I just found out I'm failing two classes. I'll never get into college with grades like this.***
(방금 확인했는데 두 과목을 과락하게 생겼어. 이 점수가지고는 대학은 절대 못 갈거야)

Jenny : ***Well, maybe you'll find something better than college. When one door shuts, another opens.***
(대학보다 더 나은 무언가를 찾을 수 있을지도 몰라. 한쪽 문이 닫히면 다른 문이 열리게 마련이지)

기회를 놓쳤거나 시도한 일에 실패를 했을 때, 상대방이나 스스로에게 해줘야 할 말입니다. 이렇게요.

Don't let yourself down. When one door shuts, another opens.
(실망하지 마라. 죽으라는 법은 없다)

♠ Alexander Graham Bell (1847-1922): 과학자, 발명가)의 명언을 함께 보시죠.

"When one door closes, another door opens; but we so often look so long and regretfully upon the closed door, that we do not see the ones which has opened for us"

(한쪽 문이 닫히면 다른 문이 열리는데 우리는 닫힌 문을 너무 오래 실망하며 보고 있어서 우리에게 열린 문을 보지 못한다)

You get what you pay for.

『지불한 만큼 받는다』 『세상에 공짜 없다』 『싼 게 비지떡』

예문으로 볼까요?

A : ***I bought this watch at 2000 Won! But just found out that it's not working at all!***
(나 이 시계 2천원주고 샀어. 근데 지금 보니 작동을 안 하네)

B : ***Well, what do you expect? You get what you pay for.***
(음..뭘 바래. 싼 게 비지떡이지)

A : ***Oh my God, the price of this car is 100 million Won? Too expensive!***
(세상에 이 차가 1억원이라구요? 너무 비싸네요)

B : ***Well, you get what you pay for. You will never regret if you take it.***
(비싼 만큼 그 값을 합니다. 선택하시면 절대 후회 안 하실 거예요)

♠ 이 세상에는 내가 지불한 돈이나 노력에 대한 만큼 대가나 보상을 받는다는 것이 이치입니다. 무엇이든 제 값을 치르고 물건을 사는 게 정도 (正道)이겠지요. 사람을 고용할 때도 마찬가지고 세상만사 모든 일에 해당된다고 생각합니다.

이 표현은 우리 속담 『싼 게 비지떡』 이라고 해석을 많이 하는데, 사실 『비싼 가격은 제 값을 한다』 라는 경우에도 해당이 됩니다.

Time and tide wait for no man.

『세월은 사람을 기다려주지 않는다』

이 속담은 16세기로 거슬러 올라가는데요. 밀물, 썰물을 뜻하는 tide라는 단어는 당시 time과 같은 '시간'의 의미로 쓰였다고 합니다.

그래서 time and tide는 강조를 위한 동의어를 두 번 쓴 셈입니다.

『시간은 사람을 기다려주지 않으니 인생에서 좋은 기회를 절대 놓치지 말라』 고 강조를 하고 있는 셈이지요.

♠ 도연명의 시 중에 《세월부대인 (歲月不待人)》 (세월은 사람을 기다려주지 않는다) 라는 시가 있습니다.

함께 감상해 보시지요.

성년부중래 (盛年不重來) - 젊은 날은 두 번 다시 오지 않는다
일일난재신 (一日難再晨) - 하루에 두 번 새벽이 반복되지 않는다
급시당면려 (及時當勉勵) - 그러니 순간순간을 최선을 다해 살아라
세월부대인 (歲月不待人) - 세월은 사람을 기다려 주지 않는다

Money doesn't grow on trees.

돈은 나무에서 자라지 않는다. 즉, 『돈은 그냥 막 생겨나는 게 아니다. 그러니 아껴서 써라』 라는 의미입니다. 우리 말에 『아무리 땅을 파봐라. 십 원 한푼 나오나』 라는 말에 대응하는 영어표현이 바로 이 속담입니다.

돈에 관련된 또 다른 속담이 있습니다. "Money talks" (돈이면 안되는 게 없다) 슬프지만 현실로 받아들일 수밖에 없는 말이 또 있습니다. 돈 관련해서 말이지요.

When poverty comes in at the door, loves flies out at the window.
(가난이라는 손님이 문으로 들어오면, 사랑이 창 밖으로 날아가 버린다)

『돈 떨어지니 정 떨어진다』 라는 말을 위트 있게 표현했네요.

Out of pocket, out of mind.
(돈 떨어지니 마음도 멀어진다)

♠ 돈 관련해서 재미있는 표현이 참 많죠?

물론 돈이 세상에서 가장 중요한 것은 아니지만 살아가는 데 없어서는 안될 것임은 그 누구도 부정할 수 없을 것입니다. 본인한테는 아낌없이 낭비하면서 남에게는 인색한 사람들을 간혹 보게 되는데요. 이런 분들이 더욱 더 돈에 욕심을 부리는 모습을 보면 꼭 돈을 위해 사는 사람처럼 보입니다. 죽을 때 가져갈 것도 아닌데 말입니다.

부지런히 아끼고 모으는 이유가 어려운 사람들에게 베풀고 나눠주며 가치있는 삶을 살기 위해서여야 하지 않을까 합니다.

No pain, no gain.

오늘은 짧고 굵은 교훈을 주는 한마디입니다.

고통없이 얻는 것은 없다. 노력하지 않고 얻는 것은 없다. 적당한 우리 표현은 어떤 것이 있을까요? 『고생 끝에 낙이 온다』 『입에 쓴 약이 병에 좋다』 정도가 되겠지요.

즉, 도전하고 위험을 감수하지 않고는 돌아오는 것은 없다는 것이 세상 진리입니다. No risk, no return이라는 말도 있지요.

pain은 고통이란 뜻의 셀 수 없는 명사인데요. pain에 s가 붙어 pains가 되면 노력이라는 다른 뜻의 단어가 됩니다. 그래서 원래는 No pains, no gains가 맞지요. 요즘은 둘 다 쓰인답니다. S가 붙느냐 안 붙느냐를 가지고 실랑이를 하는 사람이 있으면, 그 사람은 진정 영어를 잘 하거나 제대로 하는 사람이라고 볼 수가 없겠습니다.

No pain, no gain인데 어쩌다 노력 없이 운 좋게 결과가 좋았다. 그럼 어떻게 되는 건가요?

Easy come easy go! (쉽게 얻은 것은 쉽게 사라진다!) 이겠지요

하는 일이 진척이 없어 힘들거나 지칠 때 이 문구를 떠올려봅시다.

No pain, no gain!

Keep it to yourself.

『(내가 한 말을) 네 자신에게 간직하고 있어라』는 말이니 『비밀로 해줘』(Don't let it out)라는 뜻의 표현입니다. Magic word인 Please를 붙여줘야 하겠지요? 자주해줘야 습관이 된답니다.

그래서, 비밀로 해주세요 하려면 "Please keep it to yourself."

그럼 반대로, 『얘기해 주시면 비밀로 할게요』라고 하려면 어떻게 하면 될까요? "Please tell me. I'll keep it to myself"

그럼 『이건 우리만 알아야 하는 거야』 하려면요? "We should keep it to ourselves." 하면 되겠죠.

어쩌다 보니 회화시간이 되어버린 듯합니다.

한가지 표현에 여러 가지 인칭을 대입해서 응용하다 보면 영어실력이 늘게 되어있습니다.

♠ 다시 본론으로 들어와서 비밀얘기가 나왔으니 말인데요. 낮말은 새가 듣고 밤 말은 쥐가 듣는다는 속담을 기억하세요?

"Walls have ears"

대개는 비밀얘기는 좋은 내용보다는 나쁜 내용이 주가 되지요. "Keep it to yourself"라는 표현은 배웠지만 쓸 일은 별로 없으시기를 바라는 마음입니다.

Pie in the sky

우리 속담인 『그림의 떡』에 해당하는 영어 표현입니다. 공허한 약속이나 소망, 결코 실현될 것 같지 않은 미래의 행복이라는 뜻이지요.

비슷한 표현으로 a castle in the air (공중누각), a daydream (백일몽) 등이 있습니다.

예문 보겠습니다.

Tom : ***Do you think our team can win the championship?***
(우리 팀이 이번에 우승할거라고 생각하니?)

Scott : ***Far from it. It's a pie in the sky!***
(당치도 않지. 우승은 그림의 떡이야!)

♠ "Far from it" (한참 멀었다, 당치도 않다, 그런 일은 절대로 없다)와 비슷한 문장입니다. 부정문을 강조하는 유용한 표현입니다.

다른 대부분의 사람들이 당치도 않다고 하는 일을 성공시키면 그 자부심과 성취감은 더 크겠지요? 부정적인 표현을 공부하면서도 마음만이라도 긍정이고 싶은 생각이 듭니다.

Chapter 4

“문화 영어를 만나다”

(영화, 책, 명언, 영시, 노래 등)

I believe in myself.

*B*e passionate and want it.

*E*xtend your comfort zone.

*L*ies and luck don't work.

*I*nstall goals.

*E*njoy hardworking.

*V*ery very persistent.

*E*xpect failure.

인생은 직진이야.
살아가는게 돌아갈 수도 없고 피해 갈수도 없는것 같아.
어느 가을 부암동길을 거닐다가. … photo & essay by 才全

많은 분들이 영어가 너무 어렵다고 어떻게 해야 하냐고 물으셨습니다. 그런데 영어 자체가 어려운 건 아니라는 말씀을 드리고 싶습니다.

미국 대통령 연설도 들어 보시면, 쉬운 단어로 쉽게 얘기합니다. 2012년 미국 대통령 당선 시 연설동영상을 공유합니다.

1분 40초짜리 짧은 동영상이니 꼭 보시고, 여기서 모르는 단어가 과연 몇 개 정도 있는지 알아 보세요.

우리는 영어를 너무 어렵게만 생각하니 어렵게 받아들이고, 문법적으로 완벽하게 구사하려고 하니 더욱 어려울 수 밖에 없습니다.

실제로, 중학교 2학년 교과서에 나오는 단어들만으로도 충분히 일상회화는 문제없이 가능하답니다. 물론 듣기는 연습을 통해서 훈련이 되어야 하겠지요.

『너 사귀는 사람 있어?』 ⇨ “Are you seeing someone?”

『(지시에) 분부대로 하겠습니다』 ⇨ “I’m on it”

참 쉽게 표현합니다. 우리 또한 이런 쉬운 표현들에 익숙해지면, 영어를 그렇게 어렵지 않게 익힐 수 있을 것이라 믿습니다.

오늘의 bottom line (핵심, 요점)은 영어 자체가 어려운 건 절대 아니라는 것입니다.

Young at heart

『마음은 청춘』이라는 영어 표현입니다.

나이와 상관없이 젊은 사람처럼 활동적이고 적극적인 삶의 태도 (lively positive attitude to life)를 가진 사람을 표현하는 좋은 뜻으로 쓰이는 표현입니다.

예문으로 응용해 보겠습니다.

Dad may be nearly 90 but he's still young at heart.
(아버지는 90이 다 되셨지만 아직도 청춘이시다)

I am over 70 but I still feel young at heart.
(나는 70이 넘은 나이지만 아직도 마음은 청춘처럼 느껴진다)

♠ 인기 있는 건배사 중『청바지 (청춘은 바로 지금부터)』라는 멋진 말이 있습니다.

유명한 명언 "Age is a matter of feelings not of years"처럼, 나이는 받아들이는 사람에 따라 같은 숫자라도 느낌은 각자 다를 수 있습니다. 어린아이의 순수함을 유지하고, 젊은 사고로 젊은 삶을 만들어 나갈 수 있다면 정말 나이는 의미 없는 숫자에 불과한 게 아닐까요?

스스로가 만들어 나가기에 달려있다고 봅니다.

Be the first penguin!

첫 펭귄. The first penguin이 무엇을 의미할까요?

바닷속에는 펭귄 자신들의 먹이감도 있지만 동시에 자신들을 노리는 물개나 바다표범같이 위험한 천적들도 있습니다. 그래서 대부분의 펭귄들은 먼저 바닷속으로 뛰어들기를 주저합니다.

펭귄 한 마리가 먼저 용기를 내 뛰어들면 무리가 따라서 바다로 들어간다는 데에서 유래하였습니다. 이제 the first penguin이 어떤 의미인지 이해가 되시죠? 불확실성을 감수하고 용감하게 도전하는 『선구자』를 뜻하는 관용어입니다.

♠《마지막 강의》로 유명한 카네기 멜론 대학의 랜디 포시(Randy Pausch)교수가 했던 말에서 유래된 표현입니다. 마지막 강의에서 그가 남겼던 주옥같은 메시지 중에 가장 가슴에 남는 부분이 있습니다.

● ● ● ● ●

Be the first penguin.
(첫 펭귄이 되십시오.)

Create a culture that celebrates risk.
(위험부담을 축하하는 문화를 만드세요.)

I encouraged students to attempt hard things and not to worry about failing.
(나는 학생들에게 실패를 두려워 말고 어려운 일을 도전하라고 격려했습니다.)

Failure is not just acceptable, it's often essential.
(실패는 단지 허용되어지는 그런 게 아니고 필수적인 것입니다.)

Experience is what you get when you didn't get what you wanted.
(경험이란 우리가 원하는 것을 갖지 못하게 되었을 때 얻게 되는 것이지요.)

Don't dwell on it

Dwell이란 단어는 (~에) 살다, 거주하다 라는 뜻을 가진 동사입니다. 그런데 "dwell on something" 하면『(주로 좋지 않은 일)을 곱씹다, 고심하다』라는 뜻을 가지는 구어표현이 됩니다. 우리말에『연연하다』라는 표현이 정확한 번역이지 싶습니다.

예문을 볼까요?

My mother's advice always was "Don't dwell on it, do something about it "
(엄마는 늘 이렇게 충고하셨다. "속으로만 연연하지 말고, 무언가 행동으로 노력을 해라")

♠ 어니 젤린스키 (Ernie J. Zelinski)의《느리게 사는 즐거움 중》책에 이런 명언이 있습니다. 저는 열심히 실천하여 긍정 마인드에 도움이 아주 많이 되었습니다.

『우리가 하는 걱정거리의 40%는 절대 일어나지 않을 사건들에 대한 것이고, 30%는 이미 일어난 사건들에 대한 것이며, 22%는 사소한 사건들에 대한 것. 4%는 우리가 바꿀 수 없는 사건들이다. 나머지 4%만이 우리가 대처할 수 있는, 진짜 걱정하고 신경을 써야 할 사건이다』

(중략)

『해결이 보이지 않으면 무시하라. 고민하나 안 하나 결과는 똑같지 않은가.
그러므로 고민은 10분만 하라』

One of these days is none of these days.

『언젠가』 라는 날은 영원히 오지 않는다 라는 뜻을 가진 속담입니다.

『약속 또는 할 일을 미루지 말라』 라는 뜻을 내포하고 있습니다. 친구와 대화할 때나 전화 통화를 할 때, 이런 말을 아주 많이 하지요. 『언제 밥 한번 먹자』. 『언제』 가 바로 one of these days입니다. 대부분의 경우 말로만 끝나고 마는 게 현실입니다.

예문입니다.

Justin : ***Let's catch up for lunch one of these days.***
(언제 밥 한번 먹자)

Ted : ***You know what they say, "One of these days is none of these days".***
("언제 한번"은 영원히 없다는 말인거 알지?)

♠『오늘 일을 내일로 미루지 말라』 (Never leave that till tomorrow which you can do today)라고 벤자민 프랭클린이 유명한 말을 남겼죠.

우리가 앞서 배웠던 "Time and tide wait for no man" (세월은 사람을 기다려주지 않는다) 라는 속담도 기억하시죠? 같은 맥락입니다.

가족여행, 남을 위한 봉사, 정말 하고 싶은 일 등등 대부분 우선순위가 업무 뒤로 밀려 늘 마음속으로만 『언젠가 하지』 하고 막연한 미래로 미루게 됩니다. 정말 하고 싶은 일은 당장 계획을 세워 꼭 실행 (execution)을 하는 행복한 삶의 주인이 되시기를 바랍니다.

What doesn't kill you makes you stronger.

『어려움을 겪고 나면 더 강해진다』 라는 평범한 말로 보입니다만, 이 글을 직역하면 가슴깊이 와 닿게 됩니다. 『죽을 만큼 힘든 일에도 네가 죽지 않고 살아나면 더 강하게 된다』 즉, 『죽을 만큼 힘든 일은 결국 너를 더 강하게 만든다』

어원은 독일의 철학자 니체가 《우상의 황혼》 저서에서 언급했던 말이라고 합니다.

19년전 제가 유럽계 IT 회사에서 operation manager로 근무할 시절이었습니다. 진행하던 일이 심각하게 꼬였고 해결하기 위해 며칠 간을 맘 고생하며 매일 밤 conference에 시달려 피폐해 가던 어느 날 밤 APAC에 있는 제 boss에게서 온 이메일 한 줄에 눈물을 흘리고 말았습니다.

"What doesn't kill you makes you stronger. Hang in there!"
(어려움을 겪고 나면 더 강해지는 법이야 참고 견뎌봐!)

정말 멋있는 상사 아닙니까! 저는 그 한마디에 순식간에 기운을 다시 찾고 씩씩하게 버티며 끝까지 해 나갈 수 있었습니다. 나를 너무도 힘들게 했던 고객, 나를 아프게 했던 사람들, 힘들었던 일들 다 견디고 나서, 되돌아보면 그 덕분에 내가 강해지게 된 것을 깨닫습니다.

그래서 주위에 정말 힘들어하는 사람들에게 저는 이 말을 꼭 해줍니다. 제 보스가 저에게 해줬던 똑같은 말을요.

"What doesn't kill you makes you stronger"

만일 어려운 일을 겪은 사람이 주위에 있다면 "Keep your chin up. What doesn't kill you makes you stronger" 라는 위로의 말을 해주세요.

When the going gets tough, the tough get going.

좀 어렵나요?

영영사전에서는 아래와 같이 정의하고 있습니다.

When the conditions become difficult, strong people begin to do something in a determined way. [Longman Dictionary]

진행되던 일이 터프해질 때, 터프한 사람은 계속 진행한다. 즉, 『**하던 일이 어려워져도 진정 강한 자는 중도에 포기하지 아니하고 계속 밀고 나간다**』 라는 뜻이지요.

위 문장에서 첫번째 "going"은 the가 앞에 붙어서 『현재 진행하고 있는 일』을 말하며, 두번째 "going"은 get과 함께 쓰여 『계속해 나가다』 의 의미가 됩니다.

첫번째 "tough"는 『어려운』 을 의미하고 두번째 "tough"는 the와 함께 쓰여 『강한 자』 를 의미한답니다.

♠ 힘든 일이 있어서 그만 포기하고 싶다는 생각이 든다면 이 말을 자신에게 되풀이해보세요

"What doesn't kill you makes you stronger"와 일맥상통하는 표현입니다.

Let bygones be bygones.

여기서 'bygone'은 명사로『지나간 일』『과거지사』를 뜻합니다. (형용사로 쓰이기도 합니다만)

『지난 일은 지난 일이다. 과거는 잊고 전진하라』는 뜻의 속담이지요.
What's done is done. Forget about it. (이미 벌어진 일인데 그냥 잊어) 와 같은 표현이 되겠습니다.

예문입니다.

Jason : ***My ex-girlfriend just got married last weekend. We broke up several months ago! Can you believe it?***
(전 여자친구가 지난 주말에 결혼을 했다고 하더군. 우리가 헤어진 지 6개월밖에 안됐는데 말이야. 믿을 수 있어?)

Carl : ***Well, take it easy. Let bygones be bygones.***
(진정해. 지난 일은 잊어버려)

♠ 코카콜라 CEO를 역임했던 Douglas Ivest (더글라스 아이베스트)가 신년사에서 했던 너무도 유명한 말을 되새겨봅니다.

Yesterday is history, tomorrow is mystery, today is a gift. That's why it's called present.

(어제는 역사고, 내일은 미지의 수수께끼와 같으며, 오늘은 선물입니다. 그래서 우리는 현재 (present)를 선물 (present)라고 부릅니다)

선물로 받은 오늘 하루를 감사히 여기고, 매 순간 최선을 다하는 하루를 보냅시다.

Better late than never.

해석하면 『늦더라도 안 하는 것보다 낫다』 『~하기에 늦은 나이는 없다』 정도가 되겠죠? 우리 표현에 『늦었다고 생각할 때가 가장 빠르다』 라는 조금 더 한발 나간 표현도 있지요. 비슷한 맥락입니다.

It is never too late to learn. Give yourself every chance!!!

새로운 것에 대한 배움이나, 안 해본 것에 대한 도전, 이런 것들이 굳이 나이라는 숫자에 얽매여 시도조차 못하는 사람들을 종종 보게 됩니다.

어떤 것이던 시도하기에 늦은 나이는 없다고 생각합니다. 시도도 하지 않은 사람 보다는 나은 것이지요. 『이 나이에 스키를 어떻게…』 『자전거는 위험해서…』 『다 늦은 나이에 영어는 배워서 뭐하나…』

이렇게 생각하시는 분들도 많지만, 또한 오십 대, 육십 대 이상이 되어도 멋있게 스키를 타시는 분들, 수상스포츠 전문가 수준으로 하시는 분들, 꾸준히 외국어공부를 하여 놀랍게 실력이 향상되는 분들을 보면서 정말 나이는 숫자에 불과하고, 마음 먹기에 달려 있다는 것을 배우게 됩니다.

영어도 마찬가지입니다. 영어는 한 순간에 『깜짝』 하고 눈에 띄게 늘지는 않습니다. 차근차근 매일매일 하다보면 그것이 쌓여서 어느 새 놀라울 정도로 향상된 자신을 발견하게 됩니다. 더도 말고 덜도 말고 하루에 딱 한 표현씩만 두어 번 소리 내어 읽는 습관을 들여 보세요.

미래학자 Alvin Toffler의 명언이 인상 깊게 남습니다.

"The illiterate of the future are not those who can't read or write but those who cannot learn, unlearn, relearn."
(21세기 문맹은 읽지 못하고 쓰지 못하는 사람이 아니라 배우려 하지 않고 낡은 지식을 버리지 않는 사람이다)

Know your place.

송광호가 나왔던 《설국열차》 라는 영화 보셨나요?

지구온난화로 찾아온 빙하기를 살아남기 위해 무적의 열차가 만들어지고, 앞칸부터 뒤 칸까지 모두 처음 지불한 요금에 따라 칸이 배정되는데 현실의 자본주의 계급사회를 비유하고 있습니다. 열차 내의 2인자인 윌슨이 혁명을 도모하는 꼬리 칸에 무임승차한 사람들에게 한 대사입니다.

"Know your place, keep your place."

왠지 모르지만, 저는 이 대사가 뇌리에 박혀 지금도 잊혀지지를 않네요. 이 영화에 대해서는 하고 싶은 얘기가 아주 많지만, 지면상 주제에 충실하겠습니다.

Know your place는『네 자리를 알아라』즉,『네 분수를 알아라』라는 뜻입니다. 상대방에게 "Know your place"는 자칫 무례한 표현이 될 수도 있으므로 조심하여 사용하는 것이 좋겠지만, "I know my place"는 유용하게 쓸 수가 있겠죠?

♠ 'know your place'는 대체로 negative한 의미로 받아들이지만, positive한 면도 있다고 봅니다. Finding your place in the world, knowing your place, knowing who you are 등은 모두 삶을 살아가는데 나를 둘러싼 주변과 어울리고, 내가 기여하는 부분이 있게 해주는 수단이기 때문이지요.

So, it is important to remember that knowing your place can also be a good thing.

Seize the day!

그 유명한 영화《죽은 시인의 사회(Dead Poets Society)》에서 교사인 키팅(로빈 윌리엄스 분)이 이렇게 말합니다.

"Carpe, Carpe, Carpe Diem. Seize the day boys. Make your lives extraordinary."
(카르페디엠. 오늘에 모든 것을 걸어라. 인생을 특별하게 살아라)

영화에서는 자막에『오늘을 즐겨라』라고 의역이 되어있습니다만, 라틴어 Carpe Diem을 정확하게 영어로 번역한 표현이 Seize the day입니다.

오늘을 잡아라.『오늘에 모든 것을 걸어라』즉,『현재에 최선을 다하라』는 뜻을 담고 있습니다.

(Make the most of every possible minutes of the day)

선생님의 이 말에 "Oh captain, my captain"을 외치며 아이들이 책상 위에 올라서는 장면을 보며 눈시울이 붉어졌던 그 때의 감동이 다시 되살아나네요.

여러분, 마치 내일이 없을 것처럼, 오늘 하루, 지금 현재에 모든 것을 걸고 최선을 다하는 마음가짐으로 매 순간을 후회 없이 소중히 보내기를 바랍니다.

Seize the day, seize the moment!!!

Carpe Diem (Seize the day)을 노래한 대표적 시를 하나 소개할까 합니다.
좀 길어서 앞 소절만 보도록 하겠습니다.

To the Virgins To Make Much of Time
(처녀들이여 시간을 소중히 하라)

- Robert Herrick

Gather ye rose-buds while ye may,
(아직 시간이 있을 때 장미 봉우리를 모으시오)

Old time is still a-flying;
(예부터 시간은 화살처럼 날아가는 것이다)

And this same flower that smiles today
(여기 핀 이 꽃도 오늘 미소 짓고 있지만)

Tomorrow will be dying.
(내일이면 시들어 죽으리)

♠ Robert Herrick은 17세기 영국 출신 성직자 겸 서정시인이었습니다.

'make much of time'은『시간을 최대한도로 사용하라』라는 뜻으로,『오늘에 충실 하라』라는 메세지를 담고 있습니다. 참고로 Carpe Diem은 르네상스 시대 문학의 가장 보편적인 모티브였답니다.

Second to none.

직역하면『무엇에도 둘째가 아닌』즉,『최고의』라는 뜻입니다.
(better than anything or anyone else)

우리말에『둘째가라면 서러운』에 정확히 해당하는 표현이라고 생각합니다.

예문을 보겠습니다.

The hotel's restaurant is second to none.
(그 호텔 레스토랑은 최고입니다)

As far as customer service is concerned, I'm sure that our company is second to none in our industry.
(우리 분야에서 고객서비스에 관해서라면, 단연코 우리회사가 최고라고 자부합니다)

♠《생활의 달인》이라는 TV프로그램이 있습니다. 오랜 기간 한 분야에 종사하며 부단한 열정과 노력으로 달인의 경지에 이르게 된 사람들을 조명하는 프로그램입니다.

비록 소박한 일이지만 평생을 통해 최고가 된『생활 달인들』의 득도의 경지를 보면 놀라움과 존경심을 금치 못합니다. 공장에서 박스 포장을 하는 일이건, 봉재공장의 재단 일이건 말이지요.

그리고 주인공들의 공통점이 자기 일을 사랑하고, 최고라는 자부심을 가지고 일을 즐긴다는 놀라운 점을 발견하게 됩니다.

어떤 일을 하더라도 내가 하고 있는 일, 내가 속한 분야에서 최고가 되겠다는 마음가짐으로 임한다면 그리고 최선을 다한다면 그 자체가 성공적인 삶이 아닐까 하는 생각을 해봅니다.

The whole nine yards

무슨 의미일까요? 『전부, 모두, 모조리』 (the whole thing, almost everything) 또는 『할 수 있는 모든 것』 이라는 의미의 관용어구입니다. 처음 들어 보는 분도 계시겠지만 알아 두시면 좋을 표현입니다. 영어에서 숫자 9는 꽉 찬 수로 천운, 대박, 엄청난 행운의 숫자를 의미한다고 합니다.

이 표현의 정확한 어원은 파악되지 않고 있다고 하나, 한가지 설은 2차대전때 나왔다고 하는데, 전투기에 보면 기관총에 총알이 벨트에 묶여서 총으로 들어가는데, 그 총알 낀 벨트를 펼치면 9야드가 된다고 하네요.

그래서 "Go the whole nine yard"라고 하면 『내가 할 수 있는 모든 것을 다 했다』 『온갖 수단을 다 동원하였다』 라는 뜻이 됩니다.

♠ 2003년 폭풍 적인 인기로 2011년 재 개봉한 일본 영화《냉정과 열정사이》 기억하시나요?

첫 장면에 흐르는 그 유명한 테마 곡이 'The whole nine yards'입니다. 서로 사랑하는 남녀 주인공에게 서로가 the whole nine yard (이 세상 전부)라는 메시지의 아름다운 이 곡을 들어 보시죠.

Maybe some other time.

사람들과 나누는 인사말 중 『언제 밥 한번 먹자』 『담에 함 보자』 『언제 술 한잔 하자』 라고 많이 하지요? 근데 언제 볼 지, 보긴 보는 건지 잘 모르는 경우가 많지요.

즉 지금은 사정이 있어서 어떤 일(상대방이 제의한 일)을 할 수 없지만, 다음에 상황이 되면 그때 가서 그렇게 하겠다는 뜻이지만 명확한 약속이 아니라 인사치레로 『다음 기회로 미루죠』 라는 뜻을 담고 있습니다. 비슷한 표현으로 'take a rain check' 이라고도 합니다. 'Maybe some other time'은 'I'll take a rain check' 과 같은 의미가 되겠습니다.

예문 보시겠습니다.

Danny : *May I take you out for dinner this Friday?*
(이번 금요일날 저녁식사에 초대해도 될까요?)

Stephen : *Well, maybe some other time.*
(다음기회에 하시죠)

♠ 007시리즈 영화를 보시면 바람둥이 제임스 본드가 미모의 여성에게 작업을 걸지요. 저녁식사 같이하자고. 딱지를 맞은 제임스는 이렇게 말합니다.

"Perhaps some other time."

Perhaps와 Maybe는 같은 뜻이지만, 미국에서는 거의 Maybe가 주로 쓰이는 편이고, 영국에서는 perhaps가 좀 더 격식을 갖춘 경우에 쓰입니다. Maybe는 일반적 구어체에서 대부분 쓰입니다. 그러니 이 차이점을 알고서 말쑥하게 정장 차려 입은 영국 신사 제임스가 "Perhaps some other time"이라고 하는 상황을 보시면 딱! 이해가 가시겠죠.

I believe

다음 글의 앞 글자를 따면 I believe가 됩니다.

I believe in myself.

*B*e passionate and want it.

*E*xtend your comfort zone.

*L*ies and luck don't work.

*I*nstall goals.

*E*njoy hardworking.

*V*ery very persistent.

*E*xpect failure.

♠ 리차드 파크 코독 (Richard Parkes Cordock)의《밀리언 달러 티켓 - 비행기에서 만난 백만장자 이야기》라는 유명한 베스트셀러가 있습니다.

50여명의 자수성가 백만장자와의 인터뷰를 통해 그들이 지니고 있는 삶의 지혜, 습관, 원칙들을 모아 공통점들을 8가지 원칙으로 정리하여 엮은 책입니다. 여기에 "I believe"로 대표되는 성공원칙을 각각의 이니셜을 통해 풀어놓았습니다.

가장 중요한 출발점은 "I believe in myself"(자기 믿음), "Be passionate and want it"(열정)이 아닐까 합니다.

제가 15년째 책상 앞에 붙여 두고 있는 글귀를 여러분과 함께 공유하고자 합니다 여러분도 책상에 붙여 두시고 매일매일 보세요. 세뇌가 된답니다.

It is what it is.

정확하게 감이 안 오시나요? 의미하는 바는 다음과 같습니다.

This is a situation that you cannot change, so you had better accept and discover a way to manage it.

즉,『현재 상황이 바꿀 수 없는 사실이니 받아들이고 방법을 찾는 게 낫다』라는 의미입니다.

예문을 통해 더 정확한 의미를 느껴보세요.

The client changed the deadline to today? Well, it is what it is.
(고객사에서 마감일을 오늘로 바꿨어? 현실이니 어쩌겠어. 맞추는 수밖에)

I lost a lot due to the stock market crash this year. Well, it is what it is.
(올해 주식시장 붕괴로 무지하게 손해를 봤어. 벌어진 일인데 어찌 하겠어)

♠ so be it 과도 같은 맥락의 표현입니다. 잘 익혀 두셨다가 사용해 보시기 바랍니다. 마음 깊이 와 닿았던 혜민스님 말씀이 생각납니다.

너무 죽도록 노력하지 마세요.
살아 보니까 내 노력과 상관없이
될 일은 되고 안 될 일은 안됩니다.
계획 세워놓고 죽으라 노력했는데
대세의 흐름 때문에 그냥 망하기도 하고
병이 저절로 낫기도 하더이다.

And you calling me Colored.

아프리카의 어느 한 소녀가 쓴 시 (UN 선정 최고의 시)인데요.
가슴에 잔잔한 여운을 남깁니다.

● ● ● ●

When I born, I Black (태어날 때 내 피부는 검은색)

When I grow up, I Black (자라서도 검은색)

When I go in sun, I Black (태양 아래 있어도 검은색)

When I scared, I Black (무서울 때도 검은색)

When I sick, I Black (아플 때도 검은색)

And When I die, I still Black (죽을 때도 나는 여전히 검은색이죠)

And You, White fellow (그런데 백인들은)

When you born, you Pink (태어날 때는 분홍색)

When you grow up, you White (자라서는 흰색)

When you in sun, you Red (태양 아래 있으면 빨간색)

When you cold, you Blue (추우면 파란색)

When you scared, you Yellow (무서울 때는 노란색)

When you sick, you Green (아플 때는 녹색)

And When you die, you Gray (또 죽을 때는 회색이죠)

And you calling me Colored (그런데 백인들은 왜 나를 유색인종이라 하나요?)

Challenges of Life

(인생의 도전)

Author : Unknown (작자미상)

Smooth roads never make good drivers.
(평평한 길에서는 훌륭한 운전자가 나올 수 없고)

Smooth seas never make good sailors.
(잔잔한 바다에서는 훌륭한 선원이 나올 수 없고)

Clear Skies never makes good pilots.
(맑은 하늘에서는 훌륭한 조종사가 나올 수 없는 법)

Problem and hassle-free Life never makes a strong person
(문제와 어려움이 없는 인생에서는 강한 사람이 될 수가 없는 법)

Be Strong enough to accept the challenges of Life
(인생의 도전을 받아들일 정도로 강해질 지어다)

Don't ask Life, "Why Me? Instead say "Try Me!"
("왜 하필 나지?"라고 묻지 말고, "덤벼봐"라고 말하라)

THE ROAD NOT TAKEN

- Robert Frost -

Two roads diverged in a yellow wood.
And sorry I could not travel both
And be one traveler, long I stood
To where it bent in the undergrowth;

Then took the other, as just as fair,
And having perhaps the better claim,
Because it was grassy and wanted wear;
Though as for that the passing there
Had worn them really about the same,

And both that morning equally lay
In leaves no step had trodden black.
Oh, I kept the first for another day!
Yet knowing how way leads on to way,
I doubted if I should ever come back.

I shall be telling this with a sigh
Somewhere ages and ages hence:
Two roads diverged in a wood, and I-
I took the one less traveled by,
And that has made all the difference.

생에서 매번 맞닥뜨리는 선택의 기로와 내가 선택하지 않은 길에 대한 미련과 아쉬움에 대해 쓴 아주 유명한 시입니다.

가지 않은 길

피천득 옮김

노란 숲 속에 길이 두 갈래로 났었습니다.
나는 두 길을 다 가지 못하는 것을 안타깝게 생각하면서,
오랫동안 서서 한 길이 굽어 꺾여 내려간 데까지,
바라다볼 수 있는 데까지 멀리 바라다보았습니다.

그리고, 똑같이 아름다운 다른 길을 택했습니다.
그 길에는 풀이 더 있고 사람이 걸은 자취가 적어,
아마 더 걸어야 될 길이라고 나는 생각했었던 게지요.
그 길을 걸음으로, 그 길도 거의 같아질 것이지만.

그 날 아침 두 길에는
낙엽을 밟은 자취는 없었습니다.
아, 나는 다음 날을 위하여 한 길은 남겨 두었습니다.
길은 길에 연하여 끝없으므로
내가 다시 돌아올 것을 의심하면서.

훗날에 나는 어디선가
한숨을 쉬며 이야기할 것입니다.
숲 속에 두 갈래 길이 있었다고,
나는 사람이 적게 간 길을 택하였다고,
그리고 그것 때문에 모든 것이 달라졌다고.

The night has a thousand eyes

"The night has a thousand eyes,
And the day but one;

Yet the light of the bright world dies
With the dying sun.

The mind has a thousand eyes,
And the heart but one:

Yet the light of a whole life dies
When love is done."

● ● ● ●

밤은 천의 눈을 갖는다

밤은 천의 눈을 갖고
낮은 단 하나의 눈을 갖는다.

하지만 밝은 세상의 빛은
지는 저녁 해와 더불어 사라진다.

머리(이성)은 천의 눈을 갖고
가슴(감성)은 단 하나의 눈을 갖는다.

하지만 인생의 빛은
사랑이 끝나면 더불어 사라진다.

영국 빅토리아 여왕 시대의 시인 프란시스 윌리엄 버어딜런 (Francis William Bourdillon (1852~1921))가 썼던 500여편의 시 중 유일하게 알려진 명시입니다.

개인적으로 감성보다는 이성이 더 강하게 동작하는 편이라 이 시를 읽으면서 때로는 세상을 가슴의 눈으로 바라볼 줄도 알아야 하겠다고 깨닫게 됩니다. 이 정도 영시 한 편을 외워서 들려줄 수 있다면 정말 멋있겠죠.

All That Is Gold Does Not Glitter

- J.R.R Tolkin, from The Lord of the Rings

All that is gold does not glitter,
Not all those who wander are lost;
The old that is strong deos not wither,
Deep roots are not reached by frost.

금이라고 해서 다 반짝이는 것은 아니며
헤매는 자 다 길을 잃은 것은 아니다.
오래되었으나 강한 것은 시들지 않고
깊은 뿌리에는 서리가 닿지 못하리.

From the ashes a fire shall be woken,
A light from the shadows shall spring;
Renewed shall be the blade that was broken
The crown less again shall be king.

타버린 재에서 불길이 일고
어두운 그림자에서 빛이 솟구칠 것이다.
부러진 칼날은 온전해질 것이며
왕관을 잃은 자 다시 왕이 되리.

반지의 제왕 1부에 나오는 J.R.R. Tolkin (톨킨)의 시를 감상해 보았습니다.

시 행 하나하나 마음에 쏙쏙 와 닿는, 그래서 통째로 외워버리고 싶은 그런 시입니다. 교훈과 희망을 주는 이 시를 책상머리에 붙여 두고 힘들 때 마다 되뇌면 어떨까요?

Dreams

Hold fast to dreams
For if dreams die
Life is a broken-winged bird
That cannot fly

꿈은 꼭 붙잡고 버리지 말라
꿈이 사라지면
삶은 날개가 부러져
날지못하는 새와 같으니

Hold fast to dreams
For when dreams go
Life is a barren field
Frozen with snow.

꿈은 꼭 잡고 버리지 말라
꿈이 사라지면
삶은 눈으로 얼어붙은
황량한 들판과 같으니.

이 시에서 랭스턴 휴즈는 꿈이 없는 삶은 날개가 부러진 새, 눈으로 얼어붙은 황량한 들판으로 표현하며, 삶에 있어 꿈의 소중함을 가슴에 와 닿게 표현하고 있습니다. 『당신의 꿈은 무엇입니까』라는 질문에 주저하지 않고 답할 수 있는 그런 꿈을 가지고 계신지요?

* 랭스턴 휴즈 Langston Hughes (1902 – 1967)
미국 Missouri주 Joplin 출생 미국 흑인 소설작가이자 시인이며, 『할렘 셰익스피어』로 알려짐. 1920년대부터 1960년대에 이르기까지 미국의 다양한 흑인 생활을 통찰력 깊게 다룸. 뉴욕시 할렘 지역 127번가 동 127번지에 있는 그의 자택은 문화재 지정을 받았고 그 길거리 이름도 'Langston Hughes Place' 라고 바꾸었다고 함.

"A Little Song Of Life"

(인생에 관한 짧은 노래)

Lizette Woodworth Reese

Glad that I live am I; (내가 살아있다는 것에 기쁘고)
That the sky is blue; (하늘이 파란 것에 기쁘고)
Glad for the country lanes, (시골의 작은 길에 기쁘고)
And the fall of dew. (이슬이 떨어지는 모습에 기쁘네)
After the sun the rain; (해가 가고 비가 오고)
After the rain the sun; (비가 가면, 해가 오네)
This is the way of life, (이것의 인생의 규칙이지)
Till the work be done. (일이 다 되어질 때까진)
All that we need to do, (고작 우리가 해야 하는 것은)
Be we low or high, (우리가 낮은 곳에 있든 높은 곳에 있든)
Is to see that we grow (우리가 자라고 있다는 것을 보는 것이라네)
Nearer the sky.(하늘 가까이로)

Never too late

팝송과 함께 영어를 배워보겠습니다. 부담스럽지 않은 메탈 발라드로 가사가 정말 와 닿는 곡을 함께 하고자 합니다. 캐나다 출신 밴드 Three Days Grace의 'Never too late' 란 곡입니다.

가사를 잘 들어보세요.

This world will never be what I expected
And if I don't belong who would have guessed it
I will not leave alone
Everything that I own
To make you feel like it's not too late
It's never too late

이 세상은 절대 내가 기대했던 모습처럼 되진 않겠지
만약 내가 있지 않았다면 누가 예상이나 할 수 있었을까
난 혼자 떠나진 않을 거야
내 모든 것으로
너무 늦은 게 아니란 걸 네가 느끼도록 할 거니까
절대 너무 늦지 않았어

Even if I say it'll be alright
Still I hear you say you want to end your life
Now and again we try to just stay alive
Maybe we'll turn it all around
'Cause it's not too late
It's never too late

다 괜찮을 거라고 말해보지만
난 여전히 네가 너의 삶을 끝내 버리고 싶다는 말을 들어
때로 우리가 그냥 살아가려고 노력한다면
아마 우린 모든 것을 바꿀 수 있을 거야
너무 늦진 않았으니까
절대 너무 늦지 않았어

No one will ever see this side reflected
And if there's something wrong who would have guessed it
And I have left alone
Everything that I own
To make you feel like it's not too late
It's never too late

아무도 이 반영된 면을 볼 수 없겠지
그게 뭔가 잘못됐더라도 누가 예상이나 할 수 있었겠어?
그리고 난 혼자 떠났어
내 모든 것으로
너무 늦은 게 아니란 걸 네가 느끼도록 해주겠어
절대 너무 늦지 않았어

♠ (It's) never too late. 『무엇을 하기에 결코 늦은 때는 없다』
제가 가장 좋아하는 말입니다. "Better late than never"와 같은 표현이죠.

여기서 한가지 더 배울 표현이 있어요. 『이렇게 될 줄 누가 알았겠어?』 『누가 예상이나 했을까?』를 영어로?

"Who would have guessed it?" 생각보다 쉽죠?

응용을 해볼까요? 『한국이 4강에 들어갈 거라고 누가 예상이나 했겠어?』를 영어로 해봅시다.

"Who would have guessed Korea made it to the semi-final?"

That's what friends are for

쉬운 표현 영어로 말하기 한 문장.
오늘 팝송의 제목이기도 합니다.

『친구란 그런 것』

"That's what friends are for" 입니다.

같은 뜻의 다른 표현으로는 What are friends for (친구 좋다는 게 뭐니)가 있습니다. Dionne Warwick과 친구들(Elton John, Gladys Knight, Stevie Wonder)이 부른 히트곡이죠.

가사를 잘 읽어 보시고 감상해보세요.

♠ 친구에 관한 제가 좋아하는 문구입니다.

Good friends are like stars.
You don't always see them, but you know they are always there.

"좋은 친구는 별과 같습니다.
늘 볼수는 없지만, 항상 그 자리에 있다는걸 압니다"

And I never thought I'd feel this way.
(이런 감정을 느낄지 몰랐어요)
And as far as I'm concerned.
(내가 관심을 쏟고 있는 만큼)
I'm glad I got the chance to say.
(이런 말을 할 수 있는 기회가 생겨 기뻐요)
That I do believe I love you.
(당신을 정말 사랑하는 것 같다고)

And if I should go away.
(만일 내가 멀리 떠나가야 한다면)
Well, then close the your eyes and try.
(눈을 감고 생각해보세요)
To feel the way we do today.
(우리가 오늘 느꼈던 감정을)
And then if you can remember.
(당신이 기억할 수 있다면)

Keep smiling, keel shining.
(계속 웃어요, 계속 빛을 발해요)
Knowing you can always count on me for sure
(언제나 나에게 기댈 수 있다는 것을 있지 마세요)
That's what friends are for.
(친구란 그런 거니까요)
For good times and bad times.
(좋을 때나 힘들 때나)

I'll be on your side forever more.
(영원히 당신 편에 서 있겠어요)
That's what friends are for.
(친구란 그런 거니까요)

No Charge

미국 컨츄리 뮤직 가수 Melba Montgomery가 1974년에 부른 유명한 곡입니다. 제목은 "No Charge" (엄마의 사랑은 무료)

My little boy came into the kitchen this evening
While I was fixing supper
(저녁을 준비하고 있는데 내 아이가 부엌에 와서)

And he handed me a piece of paper he'd been written on
And after wiping my hands on my apron
(내게 뭐라고 쓴 종이 조각을 주었다. 손을 앞치마에 닦고)

I read it - and this is what it said:
(쓴 글을 읽었다. 거기에는 이렇게 적혀 있었다)

● ● ● ●

For mowing the yard - five dollars
(잔디 깎은 값 5달러)
And for making my own bed this week - one dollar
(이번 주 침대 정리한 값 1달러)
And for going to the store - fifty cents
(가게 심부름 값 50센트)
And for playing with little brother,
while you went shopping - twenty-five Cents
(엄마 쇼핑 간 사이 동생 돌보아준 값 25센트)

Taking out the trash - one dollar
(쓰레기 버린 값 1달러)
Getting a good report card - five dollars
(좋은 성적 받아온 값 5달러)
And for raking the yard - two dollars
(마당 쓴 값 2달러)
Total owed - fourteen seventy-five.
(총 청구액 14.75달러)

● ● ● ●

Well, I looked at I'm standing there expectantly
And a thousand memories flashed through my mind
(잔뜩 기대하고 서 있는 아이를 보면서 내 마음속에 만 가지 생각이 스쳐 지나갔다)

So I picked up the pen, turning the paper over,
This is what I wrote:
(그래서 나는 종이 뒷면에 펜을 들어 쓰기를)

●

●

●

●

For nine months I carried you
Growing inside me - NO CHARGE
(9개월동안 내 뱃속에서 너를 키운 값 - 무료)
For the nights I've sat up with you,
Doctored you, prayed for you - NO CHARGE
(아플 때마다 잠 못 자고 너를 위해 기도하고 간호해 준 값- 무료)
For the time and the tears,
And the cost through the years, there's NO CHARGE
(수년간 너를 위해 시간을 투자하고 눈물을 흘린 일들.. - 무료)
When you add it all up,
The full cost of my love is NO CHARGE.
(모두 다 더하면, 내가 준 사랑의 값은 모두 거저구나)

For the nights filled with dread
And the worries ahead - NO CHARGE
(내 걱정으로 가득 찬 나날들, 그리고 내 장래에 대한 염려들 - 무료)
For advice and the knowledge
And the cost of your college - NO CHARGE
(내가 준 충고와 가르쳐 준 지식. 그리고 네 학교 교육비 - 무료)
For the toys, food and clothes and for wiping your nose
There's NO CHARGE, son
(장난감 값. 음식. 옷 그리고 네 콧물을 닦아준 일. 무료이다 내 아들아.)
When you add it all up,
The full cost of my love is - NO CHARGE.
(모두 다 더하면, 내가 준 모든 사랑의 값은 무료란다)

● ● ● ●

Well, when he finished reading
He had great big old tears in his eyes
And he looked up at me and he said,
(아이가 다 읽더니
아이의 눈에 커다란 눈물을 글썽이며
나를 올려 보며 말하기를)

Mama, I sure do love you.
(엄마, 정말 사랑해)

Then he took the pen,
And in great big letters
(그리고 나서 펜을 들어 아주 큰 글씨로 이렇게 썼다)

He wrote: "PAID IN FULL"
("완불")
When you add it all up
(모두 다 더하면)
The cost of real love is NO CHARGE.
(참사랑의 값은 그냥 주는 것이다)

Hear it through the grapevine

소문으로, 풍문으로 들은 내용을 얘기할 때 쓰는 표현입니다.

(To acquire information by rumor or word-of-mouth.)

이 표현의 유래는 18세기로 거슬러 올라갑니다. 시민전쟁시 군 정보원들의 통신수단인 전보를 위해 전쟁터에 나무와 나무 사이를 연결해 놓은 전신줄이 마치 포도넝쿨을 연상케 했답니다.

복잡하게 얽히고 설킨 전신줄을 타고 전달된 메시지는 부정확하거나 혼란을 야기시키는 경우가 많았다고 해요. 그래서 당시 grapevine(포도넝쿨)이 풍문, 헛소문, 유언비어라는 뜻의 단어가 되었다고 합니다. (출처: WIKIPEDIA)

이 표현은 1968년 Marvin Gaye의 히트송 "Heard it through the grapevine" 이라는 곡이 히트 되면서 많이 알려지고 일반화 되었다고 합니다.

♠ 직접 듣고 본 내용이 아닌『카더라 통신』풍문, 소문, 유언비어는 부화뇌동하지도 말고 남에게 전하지도 말아야 하겠습니다.

참고로, 누구한테 전해 들었는데 그 사람이 누군지는 알리고 싶지 않을 때는 이렇게 얘기합니다.

"A little bird told me"

Life is just a bowl of cherries.

이런 표현 들어 보셨나요? 『인생은 즐겁고 아름다운 것이야』 라는 뜻의 관용 표현입니다. 이 표현의 어원은 1919년 《Scandal》이라는 뮤지컬에 나와 유명해진 곡 제목이었다고 해요. 『인생은 단순하고 즐거운 것이니, 너무 심각하지도, 너무 걱정도 말고 즐겁게 살라』 는 철학이 담긴 표현이지요.

예문으로 익혀 보시겠습니다.

The hotel is wonderful and the weather too. Life's just a bowl of cherries.
(호텔도 훌륭하고, 날씨 또한 훌륭합니다. 인생은 즐거운 거예요)

So as well as cleaning up the apartment and getting the paperwork done, I have three children to look after. Yes, life's just a bowl of cherries!
(아파트 청소하고, 서류업무를 끝내고 나면 아이들 세 명을 돌봐야 한다. 그래 인생은 즐거운 것이야!)

♠ 뮤지컬 Scandal에 삽입되어 유명해져, 관용 표현으로 굳어진 이 곡. "Life is just a bowl of cherries"의 일부를 함께 보시죠.

Life is just a bowl of cherries ; (인생은 즐거운 것)
Don't make it serious ; (너무 심각하게 생각하지 말아요)
Life's too mysterious. (인생은 불가사의 한 것)
You work, you save, you worry so,
(당신은 일하고, 저축하고, 걱정하고. 그래서)
But you can't take your dough when you go, go, go.
(하지만 이 세상을 떠날 때 돈을 가지고 갈 수는 없는 거죠)

Below the belt.

권투에서 벨트 아래쪽을 가격하는 것은 반칙 또는 비 스포츠맨십에 해당하는 행위입니다. 정정당당하게 승부하는 게 아니라 뒤에서 꼼수를 쓰는 행위, 또는 사람을 표현할 때 'below the belt'라는 표현을 씁니다. (disregarding the rules)

Hit below the belt 라고 하면 『반칙행위를 하다, 비열한 행동을 하다, 약점을 건드리다.』 라는 의미입니다. hit을 생략하고 below the belt만으로도 의사 전달이 가능합니다.

예문 보겠습니다.

A : You're hitting below the belt. You know that?
(너 비겁한 행위를 하고 있는 거야 알아?)

B : I know but only this time.
(알아, 하지만 이번 한번만…)

A : That's below the belt. Never do that again!
(그건 비겁한 거야. 절대로 그런 짓 다시 하지 마)

♠ 이런 일이 없어야 하겠지만 살면서 흔히 접하는 일이 아닌가 합니다.

최근 종영된 《스카이 캐슬 (SKY Castle)》이라는 드라마에서 나오는 코디네이터 김주형(김소영 분)이야말로 인생이 'below the belt' 삶을 살아온 사람이겠죠.

인생 살면서 가능하면 그런 분들은 가급적 만나지 않고 살았으면 하는 바램입니다.

Chapter 5

"스토리가 있는 영어 표현"

Live as if you were to die tomorrow.
Learn as if you were to live forever.

내일 죽을 것처럼 오늘을 살고
영원히 살 것처럼 새로운 것을 배우라

오늘도 너의 소식을 기다린다.
효자동 좁은 골목길에의 작은 집
우체통을 바라보며... … photo & essay by 才全

Familiarity breeds contempt.

Familiarity는 친근함. breed는 낳다, 야기하다 (동사). contempt는 경멸, 무시. 친근함은 무례함을 낳는다. 즉, 『잘 알면 무례해 진다』 라는 뜻의 속담입니다. 의역을 하자면 『**친할수록 예의를 지켜라**』 라는 의미가 담겨있지요.

예문을 보시죠.

The movie star doesn't let anyone get to know him, because he knows that familiarity breeds contempt.

(그 영화배우는 어느 누구 와도 친해지지 않는다. 왜냐면 그는 친해지면 무례해 진다는 것을 알기 때문이다)

♠ 풍경도, 사람의 마음도, 가까이서 보면 멀리서 볼 때와 다른 경우가 많습니다.

사람의 관계도 너무 멀리하면 소원해지고, 또 너무 가까이하다 보면 실망하여 관계가 악화되기 쉽지요. 그게 오해이든 배신이든 관계가 가까우면 가까울수록 충격은 더 큰 법이지요.

『불가근 불가원(不可近 不可遠)』
너무 가까이도 하지 말고 너무 멀리도 하지 마라.

모든 인간관계, 그리고 리더십에 있어서도 중요한 덕목이 아닐까 생각합니다. 일정한 거리를 유지하는 것.

혜민스님 말씀이 생각납니다.
『인간관계는 난로처럼 대해야 합니다. 너무 가깝지도, 너무 멀지도 않게.』

Drum into head.

재밌는 표현입니다. 『철저히 주입시키다, 집중적으로 반복하여 ~을 외우게 하다』 라는 뜻으로, 영어에서는 『~의 머리에 북을 치다』 라고 표현을 합니다. 우리말에 『(귀에) 못이 박히도록 가르치다』 라는 표현과 정서적으로 비슷하네요.

예문을 통해 연습해볼까요.

The teacher tried drumming the material into their heads before the statewide exam, but he was still concerned they weren't getting it.

(선생님은 주 전체 시험에 앞서 학생들에게 시험공부내용을 철저히 반복 주입시키려고 했으나, 학생들이 제대로 이해를 못해 여전히 걱정이었다)

♠ 어릴 적 학교에서 익숙했던 주입식 교육을 rote learning이라고 합니다. 반복적 암기에 의한 학습이지요. 시험기간에 했던 벼락공부는 cramming이라고 해요. 이러한 주입식교육은 비판적 사고 (critical thinking) 능력을 키우는데 저해요소가 되지요.

* critical thinking (To be able to think outside of the box. To be able to make decisions and form your own opinions without any influence form anything else. Thinking for yourself and realizing when you are wrong and when you are right.)

* 비판적 사고라는 것은 어떤 사태에 처했을 때 감정 또는 편견에 사로잡히거나 권위에 맹종하지 않고 합리적이고 논리적으로 분석 · 평가 · 분류하는 사고 과정. 즉, 객관적 증거에 비추어 사태를 비교 · 검토하고 인과관계를 명백히 하여 여기서 얻어진 판단에 따라 결론을 맺거나 행동하는 과정을 말합니다.

Drop a bombshell.

우리말에 『폭탄선언을 하다』 라는 표현이 영어로도 『폭탄을 투하하다』 라고 표현을 합니다.

어감으로도 알 수 있듯이 주로 negative 한 소식에 대한 폭탄 선언을 말하며, 이 표현의 어원은 1차 세계대전으로 거슬러 올라갑니다.

예문입니다.

Bill dropped a bombshell when he said he was quitting.
(Bill은 회사를 그만둔다고 폭탄선언을 했다)

For a man about to drop a bombshell of his retirement, Jason remained both driven and utterly professional to the end.
(Jason은 은퇴라는 폭탄선언을 하기 전 마지막까지 의욕적이고 진정한 프로다운 면모를 보여주었다)

♠ bombshell은 구어로 (불쾌한) 폭탄선언, 날벼락 등의 뜻으로도 쓰이지만, 주로 『섹시한 미녀, 매력적인 미인』 의 뜻으로 쓰입니다.

우리말에 여성을 이르는 『폭탄』 의 의미는 정 반대지요. 폭탄이 섹스 심벌이 된 기원은 여배우 진 할로 (Jean Harlow, 1911~1937)가 출연한 1933년 영화 《Blond Bombshell》 때문이라고 합니다. 그 이후로 금발 미녀를 'blond bombshell' 이라고 많이 쓰곤 했답니다.

Burn the candle at both ends.

『정력 (체력, 돈)을 심하게 낭비하다』 라는 뜻의 관용 표현입니다.

옛날 전기가 없던 시절에 늦은 시간까지 일하는 사람들이 초를 수평으로 놓고 초의 양끝을 동시에 태워 조명도를 높이던 관행에서 비롯된 표현입니다. 이렇게 양끝을 동시에 태우면 초가 금방 타 버리기 때문에 오래가지 못하는 문제점이 있어 위와 같은 비유적 의미를 갖게 되었고 하네요.

체력이 완전히 방전되었다고 할 때 "I'm totally burnt out"이라고 하지요. "Burn oneself out"과도 비슷한 표현입니다.

예문입니다.

She'd been burning the candle at both ends studying for her exams and made herself ill.
(그녀는 시험공부 하느라 체력을 완전히 방전해서 앓아 누웠어)

No wonder Mary is ill. She has been burning the candle at both ends for a long time.
(Mary가 아픈 것은 당연해. 그녀는 너무 오랫동안 체력을 방전 했어.)

♠ **eager beaver** (노력가)라는 표현이 있습니다. 많은 분들이 eager beaver는 workaholic (일중독자) 이라고 생각하지만 그렇지 않습니다.

Working hard 와 working smart는 엄연히 다른 차원입니다. 1차산업이 아닌 한 얼마나 오래 일했는가 보다는 일의 효율성과 생산성, 창의성이 중요한 시대를 살고 있으니까요. 사실 workaholic으로 살아왔던 저도 『휴식』 이라는 것이 제 2의 생산이라는 것을 깨달은 지가 오래되지 않습니다.
그런 차원에서 멋진 휴식을 위해 계획을 세워 보심이 어떨까요?

Break a leg!

『다리를 부러뜨려라』? 이 표현은 공연을 위해 무대에 오르기 전 연기자나 연주자에게 “Good luck”의 의미로 하는 말입니다. 이 표현의 어원은 불분명하나, 영미권에서는 예로부터 무대에 서는 사람에게 행운을 빌어주면 불운이 온다는 미신이 있었다고 해요.

그래서 악운을 빌어주는 풍습이 생겼다고 하네요. 이러한 미신이 다른 분야에도 널리 퍼져 일반적으로 쓰이게 되었다고 합니다.

예문입니다.

"Break a leg!" shouted the stage manager to the heroine.
(“힘내!”라고 무대 매니저가 여주인공에게 소리쳤다)

Let's all go and do our best. Break a leg!
(가서 최선을 다하자. 화이팅!)

♠ 법정에서의 승리를 다짐하며 “Break a leg”라고 하기도 한답니다.

발레 등 전문 댄서 (professional dancer) 사이에서는 “Break a leg” 하지 않고 “Merde”라고 한답니다.

(Merde는 프랑스말로 영어의 Shit에 해당하는 단어입니다) 무대에 올라가는 동료나 친구 댄서에게 “Shit”이라고 하다니, 문화적 배경을 모르고는 이해할 방법이 없겠죠?

That ship has sailed.

기회를 놓쳤을 때『이미 버스 떠났다』라고 표현하지요. 또는『이미 배 떠났다』라고도 합니다.

영어에도 똑같은 표현을 합니다.『때는 이미 늦었다』『기회는 이미 지나가버렸다』라는 뜻의 관용구입니다.

예문입니다.

"They want us to reopen the case?" "No. That ship has sailed."
("그들이 우리가 그 사건을 재수사하기를 바라나요?" "아뇨, 이미 늦었어요")

We're good friends but I don't think we'll ever be anything more to each other—that ship has sailed.
(우리는 좋은 친구지만 서로에게 그 이상이 될 수 없을 거라 생각해. 때는 이미 늦었어.)

♠ 기회는 두 번 오지 않는다 (Opportunity seldom knocks twice)라는 말이 있듯이, 기회가 왔을 때 우물거리다가는 놓치고 맙니다. 그러나 그것보다 더 어리석은 것은 놓쳐버린 기회를 한탄하며 주저앉을 때라고 생각합니다.

(Crying over the missed opportunity)

일단 놓친 기회는 교훈 삼아 배우고, 다음 기회를 맞을 준비를 하는게 더 중요하지 않을까요?

Speak the same language.

직역하면 『같은 언어로 말하다』 즉, 같은 언어를 쓴다는 것은 의사소통이 잘 된다는 의미입니다.

그래서 “Speak the same language”는 『생각이 일치하다, 마음이 통하다』 라는 뜻의 관용 표현입니다.

예문 보시겠습니다.

Jane and Jack get along very well. They really speak the same language about almost everything.
(Jane과 Jack은 정말 잘 어울린다. 모든 면에 있어 마음이 잘 통한다)

Bob and his father didn't speak the same language when it comes to politics.
(Bob과 아버지는 정치에 관해서는 의견이 전혀 다르다)

♠ 같은 뜻의 관용구가 하나 더 있습니다. ‘be on the same wavelength’ 또한 『말이 잘 통한다, 잘 맞는다』 라는 뜻입니다.

wavelength는 『파장』 이라는 뜻의 단어입니다. 즉, 같은 파장 영역에 있다는 뜻이니 죽이 잘 맞는다는 걸 의미하게 되죠.

간단히 “We get along very well.” 우리는 잘 맞는다 라는 표현이 됩니다.

Elbow room

Elbow room이란『물리적으로 팔꿈치를 움직일 만한 공간』을 의미합니다. 또한『특정 상황에서 하고 싶은 대로 행동하는 자유, 또는 운신의 폭』을 의미하기도 합니다.

예문입니다

It's a small kitchen with very little elbow room.
(이 부엌은 겨우 팔꿈치를 움직일 정도의 작은 공간입니다)

It was so packed that there was no elbow room at all in the subway train.
(지하철이 너무 꽉 차서 움직일 공간이 전혀 없었다)

I have so many projects this year that I don't have any elbow room for anything else.
(올해는 주어진 프로젝트가 정말 많아서 다른 일을 할 여유가 없습니다)

♠ elbow room은 몸을 편하게 움직일 수 있는 심리적으로 안정된『개인공간』을 말합니다.

대개 서구권 사람들은 개인의 elbow room을 침범 당하는 것에 대해 아주 예민하고 부정적으로 받아들여, 우리나라 지하철이나 대중교통을 이용할 때, 붐비는 공공장소에서 불쾌해 하는 경우를 많이 볼 수 있습니다.

성숙된 시민의식으로 상대방의 elbow room을 존중해주는 배려는 모두가 가져야 하지 않을까 하는 생각입니다.

YOLO.

You Only Live Once의 약자(abbreviation), YOLO.
유행어처럼 유명해진 말입니다.

한번뿐인 인생. 우리가 예전에 배웠던 Carpe Diem (Seize the day) 즉, 『오늘에 모든 것을 걸어라. 인생을 특별하게 살아라』 라는 의미가 담겨 있는 표현입니다.

깊은 의미를 함께 음미해보지요.

Life is too short to worry about stupid things.
Have fun.
Fall in love.
Regret nothing.
Don't let people bring you down.

삶은 아무 것도 아닌 것에 연연하며 살기엔 너무 짧다.
즐겁게 살아라.
사랑하라.
후회하지 말라.
상처받지 말라.

You live only once.
Make sure you let people you love know you love them

한번뿐인 인생입니다.
당신이 사랑하는 사람들에게 사랑한다고 표현하세요.

You can say that again!

많은 분들이 알고 있는 표현입니다만, 실제 사용은 잘하지 않는 경우가 많습니다. 그래서 오늘 연습을 통해 내 표현으로 익혀보도록 하겠습니다. 일명 맞장구 표현.

『지당하신 말씀입니다』 『두말하면 잔소리지요』 라는 공감의 표현입니다.

예문 보시겠습니다.

What a relief that Brian didn't get hurt. -You can say that again!
(Brian이 다치지 않아서 얼마나 다행인지 몰라. – 그러게 말이야)

This is a huge house! -You can say that again!
(이 집 정말 크다! – 내 말이!)

♠ 같은 『동의』 『공감』의 내용이지만, 우리말에서도 『나도 공감해 (I agree with you)』 『네 말이 맞아』(I think you're right) 처럼 평범한 표현 보다는 "You can say that again" (두말하면 잔소리지 / 내 말이) "You said it" (지당한 말씀입니다)와 같은 관용표현이 더 뜻을 살리는 것은 영어나 한국어나 마찬가지입니다.

어렵지 않은 표현이니 다양한 표현을 여러분의 표현으로 만드시기 바랍니다.

Be my guest!

직역하면『나의 손님이 되세요』입니다. 주로 상대방의 요청에 대해 관대하고 후한 느낌으로『그렇게 하세요』라고 할 때 사용하는 뜻의 관용 표현입니다.

"Feel free to do as you wish"의 뜻이 담겨 있습니다.

예문입니다.

May I drive your car? Sure, be my guest.
(네 차 좀 운전해도 되니? 물론이지. 그렇게 해)

Do you mind if I go to the play without you? No, be my guest.
(너 없이 연극구경 가도 괜찮니? 물론 괜찮습니다. 그렇게 하세요)

"Do you mind ~?" 라는 질문에 한국말로 '네' 하려면 영어로는 'No'라고 답한다는 점 헷갈리지 마세요. 'Yes' 라고 하면 '괜찮지 않다'는 답이 되어 버립니다.

♠ 우리가 살아가면서 상대방이 도움을 요청하거나, 사소한 작은 일이지만 의사를 물을 때가 아주 많습니다.

예컨대 비좁은 엘리베이터에 탈 경우에도 말이죠. 그럴 때 "May I join in?"하고 물어올 때 "Be my guest!"

한마디로 여러분은 마음의 여유가 있는 센스쟁이가 됩니다.

일상생활에서 아주 많이 쓰이는 표현이기도 하구요. 정말 센스 있는 배려의 표현이니 잘 기억하셨다가 많이 사용하시기 바랍니다.

Be yourself!

무슨 뜻인지는 다 아시죠? 그런데 평소에 입에서 잘 나오지는 않을 겁니다. 앞으로 사용해보세요.

직역하면 『너 자신이 되어라(?)』 즉, 『평소 네가 하던 대로 (자연스럽게) 해』 『자신감을 가져』 라는 뜻입니다.

어떤 경우에 쓰일 수 있는 지 예문을 통해 볼까요?

A : I have a job interview tomorrow morning. I'm so nervous.
(내일 아침 면접이 있는데 정말 긴장된다)

B : Just be yourself!
(그냥 네 자신을 보여줘)

♠ 이런 문구가 있습니다.

Don't change so people will like you. Be yourself and the right people will love the real you.

(다른 사람들이 당신을 좋아하도록 하기 위해 자신을 꾸미지 마라. 네 자신 그대로 행동하라. 그러면 진정한 사람들은 있는 그대로의 당신의 모습을 사랑할 것이다.)

살다 보면 나도 모르게 타인의 시선이나 평가에 지나치게 비중을 두게 되는 경우가 많습니다. 세상사람들로부터 인정을 받고자 하는 욕구이겠지요.

다른 사람의 기준이나 세상의 기준이 아니라 진정한 나 자신이 내 삶의 기준이자 주인공이 되는 그런 삶을 살아가야 하겠다는 생각을 해봅니다.

Water under the bridge

다리 밑의 흐르는 물. 물은 계속 흐르게 마련입니다. 그래서 『이미 지나간 일』 『과거의 일』 이란 뜻으로 사용되는 관용 표현입니다. 『힘들고 큰 일이었으나 이제 잊어버린 일』 을 이르는 표현입니다.

예문입니다.

Yes, we did have our disagreements but that's water under the bridge now.
(그래, 우리는 의견충돌이 있긴 했지만 다 지나간 일이지)

Yes, my heart was broken when I broke up with her, but it is water under the bridge.
(맞아요, 그녀와 헤어졌을 때 내 마음은 찢어지게 아팠지만, 이젠 다 지나간 일인걸요)

♠ 우리가 살면서 겪게 되는 여러 가지 감정들 - 슬픔, 분노, 기쁨, 행복 또는 우리가 겪는 힘든 상황이나 일들도 시간이 지나면 이렇게 다리 밑을 흐르는 물처럼 흘러 가버리게 되어서 나중에는 더 이상 아무런 의미가 없게 되죠. 이미 지나가 버린 모든 건 과거에 속하게 되고, 지금 현재에는 해당되지 않는 걸 말합니다.

속담 "Let bygones be bygones" (지난 일은 잊어버리세요) 와 밀접한 표현이니 함께 기억해 두세요.

Feel it in my bone

직역하면『내 뼈가 느끼고 있어』라고 할 수 있을까요? 논리적으로 정확히 설명은 안되지만, 예감이 느껴질 때가 있지요. 그럴 때 사용되는 관용구입니다.

이를 우리는 육감 (sixth sense) 또는 직관 (intuition)이라고 합니다.

예문입니다.

Something terrible is going to happen. I feel it in my bones.
(왠지 끔찍한 일이 일어날 것 같은 예감이 들어)

I'm sure you will succeed. I can feel it in my bones.
(너는 성공할거야. 내 뼛속 깊이 느껴져)

♠ 관절염이나 골절을 앓았던 사람은 비가 오기 전에 기압 저하로 인해 뼈에 통증을 느끼게 된다고 해요. 그래서 16세기로 거슬러 올라간 오래 전부터 기후 변화를 뼛속으로 느낀다는 표현에서 유래하게 되었다고 합니다. [출처 Dictionary.com]

같은 뜻으로 일반적으로 쓰이는 표현이 있습니다. "I have a hunch that it will rain this afternoon" (오늘 오후에 비가 올 것 같은 예감이 들어) 잘 기억해 두셨다가 유용하게 사용하시길 바랍니다.

Go with the flow

우리말로 『대세의 흐름에 따르다』 라는 뜻이지요.

어떤 의견이나 대세에 맞서거나 내 의견대로 바꾸려는 노력을 하기 보다는 대세의 흐름에 순응하고 따르는 태도를 말합니다.

예를 보겠습니다.

I wasn't very keen on the decision but it was easier just to go with the flow.
(그 결정이 그다지 맘에 들진 않았지만, 대세의 흐름에 따르는 게 더 나았다)

Most people simply go with the flow.
(대부분의 사람들은 그저 대세의 흐름에 편승한다)

♠ 삶을 살아가는 데 참 편한 방법이고 또 많은 경우 이렇게 살아갑니다. 편하고, 실패의 확률이 적기 때문이겠지요. 스스로 생각하거나 고민하려 하지 않고 남을 따라하고, 대세를 따라가는 대세 순응주의를 미투이즘 (me-tooism)이라고 합니다.

이런 말이 있습니다.

Only the dead fish go with the flow. Don't just go with the flow. Be the flow.
(죽은 물고기만이 물을 따라간다. 대세에 편승하지 말고, 대세가 되어라)

그저 편하다는 이유로 안일하게 대세에 무조건 따르는 것보다는, 주관대로 소신 있게 살아가는 용기가 필요한 요즘인 것 같습니다.

Swim against the tide.

『대세에 반대하다』『모두와 반대되는 행동을 하다』라는 뜻을 가진 은유적 표현입니다.

예전에 『모두가 "예" 라고 할 때 "아니오" 라고 할 수 있는 사람』이라는 문구로 눈길을 끈 모 증권사 광고가 생각이 납니다. "go with the flow" (대세의 흐름에 따르다)와 정 반대의 표현입니다.

예문 읽어 보시겠습니다.

Why can't you cooperate? Do you always have to swim against the tide?
(왜 협조할 수 없어? 매번 이렇게 반대로 갈래?)

You always seem to waste your energy swimming against the current.
(너는 늘 대세에 반대하면서 에너지를 낭비하는 것 같아)

♠ 앞 페이지의 "go with the flow"에서 『스스로 생각하거나 고민하려 하지 않고 남을 따라하고 대세를 따라가는 대세 순응주의』를 미투이즘 (me-tooism)이라고 설명했습니다. 삶을 살아가는데 참 편한 방법이지요.

모두가 "네" 라고 할 때 "아니오" 할 수 있다면 정말 용기 있는 사람일 것입니다. 생각 없는 동의보다는 나름 고민한 No와 Why가 백 번 낫다고 생각합니다.

나 자신부터 뚜렷한 자기 주관과 소신 있는 삶을 스스로 만들어 가야 될 것이라고 생각합니다.

Light bulb moment.

풀리지 않은 문제의 해답, 고심하던 해결책, 아니면 새로운 아이디어가 섬광처럼 반짝 하고 떠오를 때가 있지요. 깨달음의 순간, 영감을 받는 순간, 그런 순간을 light bulb moment라고 한답니다. 우리말에 같은 표현으로 어떤 것이 있을까요? 『섬광같이 번쩍하고 영감이 떠오르는 순간』이라고 할 수 있을 듯하네요

예문을 보겠습니다.

In a light bulb moment, I came up with the idea for the website.
(섬광처럼 번쩍하면서 나는 웹사이트에 대한 아이디어가 떠올랐다)

♠ light bulb moment가 생기려면 전문가들은 이렇게 하라고 설명합니다. 『잔을 채우려면 먼저 비워야 하듯이, 뇌 역시 새로운 정보를 받아들이기 위해 기존의 자료를 정리해야 한다』

생각보다 방법은 간단합니다. 생각도 하지 않고, 보지도 듣지도 않는『멍 때리기 (spacing out)』를 하는 것입니다. 사전에서는 멍 때리기를『정신이 나간 것처럼 아무 반응이 없거나 넋을 잃은 상태』라고 말합니다.

이렇게 타인의 입장에서 볼 때『멍 때리기』는 한심하게 시간을 죽이는 것 같이 보입니다. 하지만 **멍 때리기를 통해 뇌는 실타래처럼 얽혀 있던 수많은 정보들을 차곡차곡 정리하고 그동안 해결하지 못한 문제들을 처리합니다.**

그래서 바쁠수록 우리는 하루에 한두번은 무념무상의 시간, 즉『멍 때리기』를 해야 할 필요가 있습니다. 멍하니 하늘을 쳐다보거나, 눈을 지그시 감고 명상을 하며 지친 뇌가 쉴 수 있는 시간을 가져야 하겠습니다.

Sit on the fence

논쟁에서 어느 편도 들지 못할 때, 또는 결정을 내려야 하는데 이러지도 저러지도 못하는 애매한 태도를 일컫는 표현입니다. 그 어느 쪽으로도 기울지 못하고 중간에 앉아있는 모습을 그린 표현이지요.

『중립적인 태도를 취하다』『사태를 관망하다』 정도로 해석이 되겠습니다.

예문 보겠습니다.

When Jeannie and Pius argue, it is best to sit on the fence and not make either of them angry.
(Jeannie와 Pius가 논쟁을 할 때 최선의 방법은 그 어느 편도 들지 않고 중립을 유지하는 것이 그 누구도 화나게 만들지 않는 것이다)

No one knows which of the candidates Adele will vote for. She's sitting on the fence.
(Adele이 어느 후보자를 찍을 지는 아무도 모른다. 그녀는 중립적인 태도를 취하고 있다)

♠ 응용을 해보자면, 『중립적 태도를 취하는 사람』『관망하는 사람』은 'fence sitter'라고 하면 되겠습니다.

Fence sitter (One who takes a position of neutrality or indecision, as in a controversial matter)

언쟁에서 『~의 편을 들다』는 'take somebody's side' 'take side with somebody'라고 표현을 한다는 것도 같이 기억해두세요.

The straw that breaks the camel's back.

우리나라에서는 소가 짐을 실어 나르는 대표적 동물이지만, 중동에서는 낙타(camel)가 대신합니다. 낙타에 너무 많은 짐을 실어 한계에 도달했을 때 마지막 지푸라기 하나 때문에 허리가 부러진다는 표현입니다.

이 표현은 사람의 감정에도 응용이 되어, 한 사람이 화를 참고 있는 상태에서 다른 사람의 결정적인 한 행동에 그 화가 폭발하게 되는 경우를 의미하게 됩니다.『화를 폭발하게 하는 마지막 결정적인 행동』『감정을 폭발 시키는 결정적인 행동』『감정을 무너지게 만드는 결정적인 사건』등의 의미가 되겠죠. 가장 쉽게 풀이한 영어 설명을 찾아보았습니다. (출처 www.englishclub.com)

There is a limit to everything.(모든 것에는 한계가 있습니다)

We can load the camel with lots of straw, but finally it will be too much and the camel's back will break.
(우리는 낙타 등에 무지 많은 짚을 실을 수 있습니다. 그러나 결국 그것도 너무 많이 싣게 되면 낙타 등이 부러지게 되지요)

And it is only a single straw that breaks its back - the last straw.
(그리고 그 낙타 등을 부러뜨리는 것은 단 하나의 지푸라기입니다. - 마지막 지푸라기)

This can be applied to many things in life.
(이것은 인생에 있어 많은 것 들에도 해당이 됩니다)

People often say "That's the last straw!" when they will not accept any more of something.(사람들이 무언가를 더이상 용납할 수 없을 때 이렇게 말합니다. "더 이상은 못 참겠어")

♠ That's the last straw (더 이상은 못 참겠어)라는 관용 표현이 바로 여기서 나왔답니다. 같은 표현으로는 "I can't stand it anymore." 그리고 "I've had enough"이 있습니다만 역시 관용표현이 맛깔 나지요. 꼭 기억해 두셨다가 활용하시기 바랍니다.

When/where the rubber meets the road

『중요한 순간, 실력/진가가 시험되는 순간』을 나타내는 관용구입니다. 'Moment of truth'라고도 하지요.

새로 만들어진 자동차의 바퀴가 도로에 닿는 순간을 빗대어 말하는 표현이지만 상상해보면 이해가 가시지요? 검증되지 않은 신제품이 시장에 처음 출시되거나, 성공여부 테스트를 하게 될 때 사용하면 좋을 표현이지만 그 이외에도 다양하게 응용이 될 수 있습니다.

예문으로 연습해보겠습니다.

I've been training my body for years so that I could win the upcoming marathon, but tomorrow when the race actually begins, that is when the rubber hits the road and I find out how conditioned I really am.

(다가오는 마라톤에서 우승을 하기 위해 나는 수년 동안 몸을 단련시켜 왔다. 내일 경기가 시작될 때가 나의 노력의 시험되는 순간이며 내 컨디션이 어떤 지를 확인하게 되는 날이다)

♠ 미국영어의 대부분 관용표현이 은유적인 표현입니다. 'the straw that broke the camel's back'이나 오늘 배운 'when the rubber meets the road' 처럼 말이지요.

미국인들은 은유, 비유적 표현(metaphor)을 쓰기를 즐겨 합니다. 원어민이 아닌한 영어 소통에 아무런 문제가 없는 사람들도 이러한 표현을 접하면 난감 하게 됩니다. 그래서 우리는 영어를 잘하는 사람이든 못하는 사람이든 매일매일 새로운 표현을 접하고 배워야 합니다. 매일 평생 배워도 다 못 배우거든요.

Go the extra mile.

제가 좋아하는 표현입니다. 『한층 더 노력하다』 『특별히 더 애를 쓰다』 라는 뜻의 관용구입니다. ‘try hard’(열심히 노력하다), ‘put efforts’(노력을 들이다) 보다 훨씬 강력한 의지를 담고 있는 표현입니다.

예문으로 함께 연습해보겠습니다.

I like doing business with that company. They always go the extra mile.
(나는 그 회사와 일을 같이 하기를 좋아한다. 그들은 늘 특별히 더 노력을 한다)

How do you plan to go the extra mile when you are faced with difficulties? (어려움에 직면했을 때 어떻게 한 발짝 더 나아갈 생각이시죠?)

♠ 처음에 Avis의 광고카피 “We try harder”를 접했을 땐, 너무 심심한 카피 문구라고 생각 했습니다. 그런데 그 내용을 이해하고 나니 정 반대의 생각이 들었습니다. 당시 미국의 렌터카 업계는 『허츠 (Hertz)』 라는 선발 업체가 시장의 35% 이상을 점유하고 있었다고 합니다. “We’re only #2” 그래서 “We Try Harder”라는 솔직한 고백이 나온 것이었습니다.

Avis의 CEO 밥 타운젠트는 광고가 광고로 그치지 않도록 미국 전역의 지점을 찾아 다니며 직원 한 사람, 한 사람과 대화를 나누며 소비자에게 더 나은 서비스를 제공해야 한다고 강조함으로써 “We try harder” 캠페인을 이끌었다고 해요.

솔직하게 2위임을 인정하고, 그래서 더 열심히 해야 한다고 주장하며 실천으로 보여준 이 캠페인은 놀라운 결과를 가져왔다고 합니다. 2개월 만에 경영은 흑자로 전환되었고 뉴욕에서는 1개월에 매출이 51%나 증가했다고 하네요. 솔직함과 진정성 있는 노력이 고객의 마음을 움직인 것입니다.

Blood, sweat and tears.

피와 땀과 눈물… 결연함이 느껴지는 표현입니다. 우리말에도 그대로 있습니다. 『피땀 어린 노력. 피눈물 나는 노력』 을 뜻하는 생생한 관용어구입니다.

예문을 읽어 보시고 여러분 표현으로 만들어보세요.

This house is the result of 3 years' blood, sweat and tears.
(이 집은 3년간 피땀 흘려 모은 돈으로 얻은 집이다)

Our success was the result of blood, sweat and tears.
(우리의 성공은 피눈물 나는 노력의 결과이다)

♠ blood, sweat, and tears (피와 땀과 눈물)는 1940년 5월 13일 독일군이 파리로 돌격할 당시, 영국의 윈스턴 처칠(Winston Churchill, 1874~1965)이 총리 취임 연설에서 한 말입니다

"I have nothing to offer but blood, toil, tears and sweat (내가 국민에게 드릴 수 있는 것은 피와 노고와 눈물과 땀 밖에 없습니다)." 윈스턴 처칠의 연설로 유명해진 이 표현은 원래 영국 시인 존 던 (John Donne, 1572-1631)이 1611년에 발표한 《세계의 해부 (An Anatomie of the World)》라는 시라고 합니다. [출처: Wikipedia]

피땀 어린 노력으로 무언가를 해본 적이 있나요? 가만히 앉아서 요행으로 이뤄지는 것은 없다고 생각합니다.

이 표현을 접하면서 내가 가는 길, 내가 목표하는 바를 이루기 위해 필사적으로 최선을 다하는 (with blood, sweat and tears) 마음가짐을 가져야 하겠다고 다시 한번 생각하게 됩니다.

Five o'clock shadow

5시 그림자? (아침에 깎은 뒤) 저녁 무렵 거뭇거뭇 자란 수염을 뜻하는 숙어입니다.

미국인들의 일상이 대개 오후 5시무렵 끝나고 거뭇거뭇 자라 있는 수염으로 인해 더 피곤해 보이는 모습을 상징적으로 나타내는 표현이기도 합니다.

예문을 보시죠.

"Rough night last night? Got that 5 o'clock shadow."
(어제 밤에 힘들었나? 얼굴이 초췌해 보이네)

Peter has a very heavy beard. Even though he shaves every morning, he gets a five o'clock shadow by lunch time!
(Peter는 수염이 덥수룩하다. 매일 아침 면도를 해도 점심 무렵이면 벌써 거뭇거뭇해진다)

♠ 그런데 왜 하필 4시, 6시도 아닌 5시일지 궁금합니다. 5시라는 시간의 유래는 19세기 영국 상류층의 5시 티타임에서 비롯되었다고 합니다. 이 습관 때문에 미국 Atlantics로 이민오면서, 5시 가벼운 늦은 저녁 'light late-afternoon meals'을 '5 o'clock dinner'라고 하게 되었답니다.

이후 1930년 Gem면도기 회사에서 5 o'clock shadow라는 표현을 광고문구에 사용을 하면서 더 알려지게 되었습니다

Hold water.

관용적인 표현으로 hold water 자체는『말의 앞뒤가 맞다, 논리가 선다』『논리 정연하다』라는 뜻입니다.

그런데 그것이 그대로 쓰여 긍정적인 의미를 전달하는 경우는 거의 드물어요. 대부분의 경우 부정문에 사용되어『논리가 서지 않는다』라는 의미로 굳어져 쓰인답니다.

예문처럼 거의 대부분 부정문으로 쓰입니다.

His confession for the crime doesn't hold water.
(그의 범죄 자백은 논리가 맞지가 않는다)

Most of his arguments simply did not hold water.
(대부분의 그의 주장은 논리에 맞지가 않았다.)

♠ 왜 hold water가『논리 정연하다』라는 뜻이 되었을까요? 기억에 오래 남기 위해 좀 길더라도 이 표현의 유래를 보겠습니다.

《로마신화》에서 벽난로와 불의 여신인 베스타 (Vesta)를 섬긴 여섯 명의 처녀가 있었는데, 베스타가 이들에게 절대적 순결을 요구한 데서 유래되었다고 합니다. 이들 가운데 한 명인 튜티아 (Tutia)는 베스타 사원(Temple of Vesta)의 불을 관리하고 있었는데, 처녀성을 의심받아 시험을 받게 되었답니다.

티베르강(Tiber River)에서 베스타사원까지 당연히 물이 새기 마련인 sieve(체)에 물을 가득 담아 물을 흘리지 말고 나르라는 황당한 시험이었지만, 튜티아는 그 일을 성공적으로 해냄으로써 처녀성을 입증받았다는 이야기입니다. [참조: 교양영어사전]

Me day!

제 친구 Isaac이 엊그제 카톡 음성 메세지에 이렇게 남겼어요.

“Hi! I’m taking a Me day. It’s an Isaac day just getting a lot of things done from car checking to body checking, to lots of errands that have been piling up and bothering me. Today, getting a lot done and it feels pretty good.”

(안녕! 오늘은 Me day야. 자동차 검사, 건강 검진 등 그동안 쌓여 있던 잡다한 여러가지 일들을 처리하는 Isaac의 날이지. 오늘 많은 일을 처리하고 있어. 기분이 참 좋아)

Me day! - 나 만을 위한 날. Isaac의 메세지를 들으면서 저는 한 달에 한 번 만이라도 나 만을 위한 날(반나절 만이라도)을 일정에 넣어 밀렸던 개인적인 사소한 잡무나 그동안 꼭 하고 싶었던 일들을 하는 것은 진짜 좋은 아이디어라는 생각이 번뜩 들었습니다.

예문입니다.

Jeff worked 50 hours this week... so on his day off he decided to have a Me day.(Jeff는 이번주에 50시간이나 업무를 했다. 그래서 이번 쉬는 날에는 전적으로 자신만을 위해 지내기로 결심했다)

♠ 여러분은 나만을 위한 하루가 주어진다면 무엇을 하고 싶으신지요? 늘 바빠서 그런 생각해볼 겨를 조차 없었던 분들이 많으리라 생각됩니다. 저는 혼자 도서관에 가서 하루종일 책을 읽고 싶습니다. 딸아이가 어느 정도 크고 나면요. 늘 마음은 있는데 잘 안되는 일. 그런 것들을 Me day를 정해 꼭 해보세요. 우선 내가 행복해야 내 가족, 내 주위 사람들을 행복하게 해줄 수 있다는 생각이 드네요.

(Only) Time will tell.

『시간이 지나면 알게 될 것이다』 『오직 시간만이 말해줄 것이다』 라는 뜻의 관용 표현입니다. 인생은 코앞에 닥친 앞일도 알 수 없는 것이지요.

(No one knows what'll happen in the next second).

이처럼, 시간이 흘러야만 앞 날을 알 수 있다는 뜻으로 일상 대화 중 많이 사용되는 표현 중 하나입니다.

예문을 읽어보세요.

Only time will tell whether we made the right decision. Let's wait and see.
(우리가 옳은 결정을 했는가는 시간이 지나야만 알 수 있는 것입니다. 기다려봅시다)

Who knows what the future will bring? Only time will tell.
(앞으로 어떻게 될 지는 누가 알겠어? 오직 시간만이 말해줄 것이야)

♠ time이 들어간 관련 표현중 『시간이 약이다』 는 영어로 어떻게 할까요?

"Time heals all wounds"라고 한답니다. 『시간은 무슨 상처이든 치료해준다』 하여, 우리 속담인 『시간이 약이다』 와 일맥상통하고 있습니다. 함께 기억해두시기 바랍니다.

Things will work out.

힘들어하는 동료에게, 친구에게, 가족에게 『걱정 마 다 잘 될 거야』 라고 위로하며 용기를 줍니다. 또한 힘들 때 스스로에게 주문을 걸면, 기운을 내도록 해주는 마약같은 힘이 있습니다.

예문을 읽어 보시기 바랍니다.

"Cheer up!" Mary said to a gloomy Fred. "Things will work out all right."
("기운내. 모든 게 잘 될 거야" 라고 Mary가 우울해 하는 Fred에게 말했다)

"Now, don't cry. Things will work out." consoled Sally hoping that what she was saying was really true.
("자, 울지 마. 다 잘 될 거야." 그렇게 되기를 간절히 원하면서 Sally를 위로하였다.)

♠ 같은 뜻의 격려, 위로, 응원의 말은 다양하게 있으니 한번 읽어보세요.

Don't worry, things will work out (for the best).
Keep your chin up!
Everything will be okay.
Cheer up!
Things will get better.
Look on the bright side.

격려, 용기를 줄 수 있는 좋은 표현들입니다. 무엇 보다 중요한 건, 상대방의 마음을 공감하고, 그 입장에서 진심을 담고 얘기하는 게 가장 중요하겠지요.

You said it.

상대방이 하는 말에 완전히 동감할 때 쓰는 표현입니다. “You can say that again”도 같은 표현입니다. 평범한 “I agree with you” 보다 더 느낌이 강조되고 감칠맛 나는 표현이라고 할까요?

『그러게 말이야』 『완전 동감이야』 『두말하면 잔소리지』 정도의 느낌입니다.

예문입니다.

That was an absolutely delicious lunch.
(환상적으로 맛있는 점심이었어)

You said it.
(두말하면 잔소리지)

♠ 《공감의 힘》의 저자 데이비드 호우는『공감은 타인의 감정에 공명할 때 일어난다』고 했습니다.

즉, 상대방의 입장이 되어 그 감정을 이해하는 것으로, 공감하는 이는 경청과 배려가 쉬워지고, 남을 돕고자 하는 친화적 감정이 함양된다고 합니다.

공감의 표현, “You said it” 앞으로 적극적으로 맞장구쳐줍시다.

Against the clock

어떤 일의 마감시한을 맞추기 위해 급히 서두름을 나타내는 표현입니다. (in a great hurry to get something done before a particular time) 『시간을 다투어』 『시간에 쫓기는』 이라는 뜻이지요.

『시계와 맞서다』 라는 뜻이니, 주어진 시간이 아주 적은 상태에서 매우 서두르는 상황이라는 뜻입니다. Work against the clock이라고 한다면, 일을 완성하는 데 주어진 시간이 제한되어 있어서 한시가 급하다는 뜻입니다.

예문을 보시겠습니다.

Journalists work against the clock to report the latest news.
(기자들은 최신 뉴스를 보도하기 위해 시간에 쫓기며 일한다)

We only have two days left until we launch our new product. We have to work against the clock.
(우리 신제품 출시가 이틀밖에 안 남았어. 촌각을 다투며 일해야 해.)

♠ 어떤 일을 주어진 기한 내에 해내기 위해서는 전체적으로 계획을 잘 짜야 하고, 또 그 계획에 맞춰 실행이 되어야 하겠지요. 가끔 보면, 해야 할 일을 미루며 늑장을 피우다가 마지막 순간에 부리나케 하는 사람들이 있죠. 이런 사람들을 영어로는 "procrastinator"라고 합니다.

procrastinate라는 동사는 『(해야 할 일을 보통 하기가 싫어서) 미루다, 질질 끌다』 라는 뜻의 단어입니다. (If you procrastinate, you keep leaving things you should do until later, often because you do not want to do them.)

하기 싫고 어려운 일은 미리 계획을 세워 미루지 않도록하여 매번 마지막 순간에 "run against the clock" 하는 procrastinator가 되지 않도록 합시다.

Let me get this straight.

상대방이 계속 얘기를 합니다. 짚고 넘어갈 것이 있을 때 우리는 이러지요. 『이건 분명히 해두자』 『이건 확실히 짚고 넘어가겠습니다』 라구요.

이럴 때 사용되는 표현이 'Let me get this straight' 입니다.

Get something straight의 의미는 『~을 분명히 이해하다』 (to understand something clearly - McGraw-Hill Dictionary)의 뜻입니다.

즉, 『(네가 하는 말을) 내가 확실히 이해하고 넘어가겠다』 라는 뜻을 내포한 것이지요. 그러니 주로 이 문구 뒤에는 What you're saying is가 오는 경우가 많습니다.

예문을 보겠습니다.

Let me get this straight. So you're taking that offer?
(확실히 짚고 넘어가자. 그래서 그 제안을 받아들인다는 거지?)

Let me get this straight. What you're saying is, you don't like him?
(분명히 하고 넘어가자. 네 말은 그가 싫다는 거니?)

♠ (대화의 문맥을) 확실히 이해하는 주체가 (상대방이 아닌) '나'가 되고 있습니다.

영어의 화법에서 '나'를 중심으로 표현하는 경우가 많은 게 한국말과 다른 점 중 하나인데요. 모르는 사람이 말을 걸어올 때 『저 아세요?』 를 영어로 "Do I know you?" 라고 하는 것과 같은 맥락입니다.

상대방을 배려하는 화법이니 자주 접해서 익숙해 놓으시면 좋겠습니다.

Nomophobia

No-mobile-phone phobia의 준말로 휴대전화 중독 및 금단현상을 말하는데요. 스마트폰을 비롯한 통신수단이 없을 때 불안감을 느끼는 증상을 말합니다.

휴대전화를 쉴 새 없이 만지며 손에서 놓지 못한다면 'Nomophobia'(노모포비아)라고 할 수 있습니다. 노모포비아를 겪는 사람은 nomophobe라고 합니다.

예문입니다.

I think I have a serious nomophobia. I feel stressed when my mobile phone is out of service.
(난 심각한 휴대폰 중독인 것 같아요. 핸드폰 통신연결이 안될 때 스트레스를 받아요)

♠ 요즘 지하철이나 버스, 식당, 어느 장소이건, 누구와 있건 각자 고개를 푹 숙이고 스마트폰을 보고 있는 광경은 어디서나 흔히 볼 수 있습니다.

미국의 통계에 따르면 사람들은 하루에 110번씩 스마트폰을 확인하며, 사용자 30%는 식사 중에도 스마트폰을 사용하며, 54%가 침대에서, 39%가 화장실에서까지 확인을 하는 등, 잠자는 시간을 제외한 모든 시간을 함께 한다고 합니다.

저 또한 스마트폰 알람으로 아침에 눈을 뜨고, 스마트폰으로 모닝 영어 포스팅, 이메일 확인으로 하루를 시작하며, 위의 사항 대부분에 해당되니 nomophobia가 맞는 것 같습니다. 뭔가 대책을 세워야 하겠습니다.

여러분은 어떤 가요? 셀프 진단 질문지를 첨부합니다.

Nomophobia 진단테스트를 하고나서 저를 포함 많은 분들이 우려를 하셨습니다. 그래서 오늘은 치료법에 대해 알아보도록 하겠습니다.

* 출처: 밸런스브레인센터(www.balancebrain.co.kr)

	스마트폰 중독 자가진단	Yes	No
1	스마트폰을 사용하고 난 후부터비활동적으로변했다		
2	스마트폰을 사용하고 난 후부터 전반적인 운동성이 떨어졌다.		
3	자세가 구부정하고 뒷목을 자주 만진다.		
4	선생님으로부터 학교학원에서 산만하고 집중하지 못한다는 소리를 자주 듣는다.		
5	아이가 스마트폰을 사용하고 난 후부터 감정조절을 잘 못하고 자주 화를 낸다.		
6	아이가 친구들과 잘 어울리지 못한다.		
7	분위기파악, 상황 파악 등을 잘 못한다.		
8	대화 시 눈을 잘 마주치지 못한다.		
9	새로운 일이나 변화에 대한 거부감이 심하다.		
10	문장을 읽고 방금 읽은 내용이 무슨 내용인지 물어보면 제대로 대답을 못한다 .		

◉ 10문항 중 "그렇다"가 8개 이상 : 스마트폰 중독 가능성 높음

일명 Digital Detox.

디지털(digital)에 『독을 해소하다』 라는 뜻의 디톡스(detox)가 결합된 말로, 『디지털 단식』 이라고도 합니다. 스마트폰 등 스마트기기들로부터 잠시 멀어짐으로써 정신적 여유를 회복하고자 하는 운동입니다.

요즘 가족끼리 외식을 가도 대화없이 각자 핸드폰을 내려다보고 있는 모습이 흔한 풍경이듯, 디지털 중독은 심각한 사회적 현상이며 이를 해결하기 위해 민관 단체들을 중심으로 디지털 디톡스 운동이 이미 오래 전에 시작되었습니다.

♠ 구글의 에릭 슈미트 회장도 『인생은 모니터속에서 이뤄질 수 없다. 하루 한 시간 만이라도 휴대폰과 컴퓨터를 끄고 사랑하는 이의 눈을 보며 대화하라』 고 디지털 디톡스의 필요성을 강조했습니다. 그럼 어떻게 해야 할까요?

디지털 기기 없이 생활한다는 것은 불가능 하겠지만,

1. 디지털 금식일(또는 특정 시간)을 정해 실천하고,

2. 가족, 친구와 식사, 대화 시 핸드폰을 넣어두고,

3. 집에서 스마트폰 사용을 독서시간으로 대체하고

4. 하루를 마무리하면서 공책에 일기쓰기를 목표로 정해 반드시 실천을 해야 하겠습니다.

Bark up the wrong tree.

『잘못 짚다』 『헛다리 짚다』 라는 뜻의 관용 표현입니다. 미국에서 1800년대 너구리 사냥에서 유래된 표현이라고 합니다.

너구리(raccoon)는 다른 나무 위로 도망을 다니는데 사냥개는 엉뚱한 나무 밑에서 짖어 대는 경우에서 생겨난 말이라고 해요.

To make the wrong; to ask the wrong person, to follow the wrong course. (잘못 짚다, 엉뚱한 사람에게 물어보다, 번지수가 틀리다)

예문을 살펴보지요.

The feds are barking up the wrong tree, they are investigating a wrong guy.
(연방수사관들은 헛다리를 짚고 있는 거야. 지금 엉뚱한 사람을 수사하고 있거든)

She's barking up the wrong tree if she's interested in Gavin. Doesn't she know he's gay?
(그녀가 Gavin에게 호감을 갖고 있다면, 헛다리 짚은 거야. 게이라는 걸 모르나?)

♠ 진짜 원인은 못 본체 하고 엉뚱한 데서 원인을 찾거나 분풀이를 하는 경우에도 이 표현을 쓴답니다.

이런 경우 많으니 자주 쓰이겠지요? 상대방 또는 내가 완전히 오해하거나 틀렸을 경우에 쓸 수도 있습니다.

(You're barking up the wrong tree / I was barking up the wrong tree.)

I'm at your service

무슨 뜻일까요?

Be at someone's service는 'ready to help someone as soon as they ask' 라는 의미를 가지는 표현입니다. 『~를 도와줄 준비가 되어있다』 라는 뜻이지요.

그러므로, "I'm at your service"는 『무엇이든 도와드리겠습니다』 『뭐든지 해드리지요』 라는 뜻입니다.

예문으로 보시겠습니다.

In this business, the customer always comes first, and our employees need to remember that we are at their service.

(이 사업에 있어서 언제나 고객은 우선이며, 직원들은 고객이 원하는 것은 무엇이든 해줘야 한다는 것을 기억해야 한다)

♠ 비슷한 또 다른 표현으로 Your wish is my command (네가 원하는 건 뭐든지)라는 표현도 함께 기억해 두세요. 만화영화《알라딘》에서 램프 요정 『지니』 가 했던 대사이기도 하구요,

일상생활에서 종종 쓰입니다. 친구나 동료가 도움을 청할 때 기분 좋게 이런 표현을 사용하고 기꺼이 도와주는 건 어떨까요?

Tell me about it.

『누가 아니래』『내 말이!』라는 뜻입니다. 상대방의 말에 긍정 또는 맞장구를 치는 표현입니다. 좀 어색한가요? 그러나 일상적으로 많이 쓰인답니다.

예문 보시겠습니다.

A : ***John's driving me crazy with his bad jokes.***
(John의 심한 농담때문에 미칠 것 같아)

B : ***Tell me about it!.***
(누가 아니래)

♠ 맞장구치는 표현은 여러가지가 있습니다. 볼까요?

That's right.
I totally agree.
That's true.
I feel the same way.
You are right.

등등 무수히 많지요. 우리나라 사람들은 특히 칭찬과 맞장구에 약한 것 같습니다. Communication에 있어 상대방의 말에 경청하는 것. 그리고 맞장구를 통해 공감하는 것이 정말 중요한 부분인데 실상 내 의사를 전달하는데 더 급급한 경우가 많은 것 같습니다.

Tell me about it! 유용하게 사용하시길 바랍니다.

Draw a line in the sand.

협상은 비즈니스에서 뿐 만 아니라 일상생활 어디에서나 접하게 되는 상황입니다. 많은 경우, 내가 양보할 수 있는 그리고 얻어내려는 마지노선을 정하고 대화에 임하게 되지요.

『분명하게 선을 긋다』 『한계 또는 마지노선을 정하다』 라는 뜻의 관용 표현입니다.

예문을 보시겠습니다.

She drew a line in the sand that she will not take further violation of the agreement.
(그녀는 이후의 어떤 계약위반도 용납하지 않을 것이라고 분명히 선을 그었다)

In negotiation with customers, it is extremely hard to draw a line in the sand.
(고객과의 협상에 있어 분명히 선을 긋는다는 것은 극히 어려운 일이다)

♠ 'a line in the sand'는 『마지노선』 을 말합니다.

모래위에 선을 그으면 또렷이 나타나기 때문에 이런 표현을 사용한 것이겠지요.

협상에 있어 확고히 선을 긋고 전투적인 자세로 임하기 보다는 **충분한 경청을 통해 상대방의 요구(position)뒤에 숨겨진 욕구(interest)를 파악하여 창의적인 대안을 도출함**으로써 모두가 승자가 되는 positive-sum 협상으로 만들 수 있도록 해야 하겠습니다.

Spread oneself (too) thin.

이런 표현 들어 보신 적 있나요? spread는 펴다, 엷게 바르다, thin은 얇은.

빵에 버터나 잼을 바르는 모양을 상상해보세요. 아주 얇게 펴 바르면 넓게는 바르지만, 제대로 바를 수가 없지요.

『자신을 너무 얇게 펼치다?』

즉, "Spread oneself too thin"은『일을 너무 많이 벌이다』『한꺼번에 너무 많은 일을 하려고 하다』라는 뜻을 가진 관용 표현입니다. 한번에 너무 많은 일을 하여 어느 것 하나 잘하는 게 없다』라는 뉘앙스를 가지고 있습니다.

예문입니다.

She's always spreading herself thin.
(그녀는 늘 한꺼번에 많은 일을 해)

My problem is that I spread myself too thin.
(나의 문제는 늘 한꺼번에 너무 많은 일을 벌이는 것이다)

♠ 일 욕심이 많은 사람일수록 이 일, 저 일 다 벌여 놓고 대책이 안 서는 경우가 많은 것 같습니다.

저도 많은 일에, 많은 모임에 늘 시간이 부족하지만 그 어떤 모임도 스스로 마음에 들 정도로 충실하기가 어려운 딜레마에 빠지곤 합니다.

『선택과 집중』(narrowing your focus)을 실천하도록 노력을 하겠다고 스스로 다짐해봅니다.

There's no such a thing as a free lunch.

우리말에 『세상에 공짜 없다』 라고 하지요. 이 말을 영미 사람들은 이렇게 한답니다.

" There's no such a thing as a free lunch"

좀 길어서 부담스러우시면 이렇게 줄여도 됩니다.

"There's no free lunch"

♠ 세상에 공짜 없고 (There is no such a thing as a free lunch), 노력 없이는 쉽게 얻을 수 없으며 (Nothing comes easy) 쉽게 얻은 것은 쉽게 잃게 마련(Easy come easy go)이라는 게 제 삶의 철학이기도 합니다.

마이클 잭슨의 On the line이라는 곡에 이런 가사가 나옵니다. 한번 들어 보시고 가사를 음미해보세요~~

Nothing good ever comes easy
(어떤 좋은 것도 쉽게 얻어지진 않아요)

All good things come in due time
(모든 것은 한 만큼 되돌아오는 법이지요)

Yes it does.
(정말로 그래요)

Way to go!

상대방을 칭찬, 축하 격려의 뜻으로 계속 잘하라고 말해주는, 우리가 자주 써야 할 표현입니다

(a phrase encouraging someone to continue the good work)

『잘했어!』(Good job!)의 뜻입니다.
"That's the way to go"의 줄인 말입니다.

예문을 보시겠습니다.

Way to go! You did a fantastic job.
(잘 했어! 정말 훌륭하게 처리했군)

Our team finished ahead of schedule and under budget. Way to go!
(우리 팀은 예산내에서 일정보다 일찍 마쳤습니다. 정말 잘했습니다!)

♠ 대표적인 encouragement의 표현 "Keep up the good work"이 있습니다.

우리들이 인색한 표현 중 하나가 칭찬이지요. 『칭찬은 고래도 춤추게 한다』

저도 낯간지럽지만, 매일 하나씩 올리는 영어표현에 칭찬과 감사의 말씀을 들으면서 수년간 더 열심히 하게 되어 결국 책으로 내게 된 원동력이 칭찬인 것 같습니다. 조직원들에게, 동료들에게, 가족에게 격려의 표현을 아낌없이 써주세요.

You've got to put up with the rain.

If you want the rainbow, you've got to put up with the rain.
무지개를 갖기 위해서는 비를 감내해야 한다.

『~을 참다, 견디다』를 영어로 뭐라고 할까요? 영어로 소위 『방귀 좀 뀐다고』 하는 분들은 'tolerate, endure, stand'가 떠오를 것입니다.

아주 쉬운 단어로만 된 표현이 있습니다.
바로 'put up with + something 또는 someone'입니다.

(to accept someone or something unpleasant in a patient way)

즉, 『(짜증스럽거나 불쾌한) 사람 또는 사물 · 행동 등을 (불평없이) 참다 · 받아들이다』 라는 표현입니다.

예문을 볼까요?

How has Jane put up with him for so long?
(Jane은 그를 어떻게 그리 오랫동안 견뎠을까?)

I will not put up with your bad behavior any longer!
(난 더 이상 너의 나쁜 행동을 참지 않을 거야)

♠ 입에 딱 붙는 표현은 아니죠? 이렇게 이해를 해보세요. Put up은 『~을 들고 있다. ~을 (높이) 올리다』 라는 뜻입니다. 중력을 이겨내고 계속 들고 있다는 것은 힘든 일이지요. 무엇을 계속 들고 있다는 것 자체가 그 상황을 견디는 것과 같습니다. Put up with 다음에 오는 목적어를 『견디다, 참다』 『(내키지는 않지만) 묵묵히 받아들인다』 라는 뜻을 가지게 된답니다.

A wonder lasts but nine days.

『세상을 떠들썩하게 만드는 일도 겨우 · 단지 아흐레 간다』 라는 뜻입니다. 세상을 떠들썩하게 만든 사건도 곧 잊혀 지기 마련이라는 의미의 속담입니다.

옛사람들은 강아지나 고양이 새끼가 태어난 뒤 대략 9일 정도 지나서 눈을 뜬다는 데서 유래한 표현입니다.

눈을 뜨지 못하는 9일 동안 세상에 대해 신비감과 기대감을 갖게 되지만, 일단 눈을 뜨게 되면 기대는 실망으로 바뀌고 이내 평범한 일상에 익숙해진다는 것이지요.

이에 연유하여 a nine day's wonder는 『곧 잊혀지는 소문』 『한 때 떠들썩했다가 곧 잊혀지는 사건』 이라는 의미로 쓰이고 있습니다.

(A nine day's wonder is an event that attracts much attention, but is soon forgotten)

예문입니다.

Don't worry about the rumor. A wonder lasts but nine days and people will forget it soon.

(소문에 대해서는 걱정하지 마. 세상을 떠들썩하게 만드는 일도 아흐레를 못 넘기는 법이지. 사람들은 곧 잊어버릴 거야)

Wake up and smell the coffee.

많이 들어 보셨죠? 『정신차리고 현실을 직시하라』 고 충고 또는 권유하는 표현입니다.

그럼 직접 활용을 하실 수 있도록 예문을 통해 연습을 더 해보겠습니다.

Our party keeps losing the presidential election. Wake up and smell the coffee.
(우리 당이 계속해서 대통령 선거에서 지고 있어요. 상황을 좀 직시하세요)

Guys, "Wake up and smell the coffee" We are not going to achieve 80%.
(여러분, 정신차리고 상황을 직시하세요. 우리는 80% 달성을 못할 것입니다)

♠ Wake up to something 은 『일어날 때 something을 경험하다』 『~에 잠을 깨다』 라는 뜻이 있습니다.

It feels great waking up to the smell of coffee.
(커피향에 잠을 깨는 것은 정말 기분 좋다)

This morning, I woke up to a strange sound outside.
(오늘 아침, 나는 밖에서 들리는 이상한 소리에 잠을 깼다)

Stop and smell the roses.

무슨 뜻인지 감이 오시죠? 옛날에 제가 외국 동료들에게 종종 듣곤 했던 말입니다.『잠시 멈추고 장미향기를 맡아라』 즉,『여유를 가지고 인생을 즐기라』는 뜻의 관용 표현입니다.

예문을 볼까요?

Jane : *What happened? You look so tired.*
(무슨 일이야? 무지 피곤해 보이네)

Simon : *I have been working day and night the whole week.*
(이번주 내내 밤낮으로 일을 했어)

Jane : *Oh no. Stop and smell the roses. Life is short.*
(그러지 말게. 여유를 가지고 살아. 인생을 짧은 거일세.)

♠ 경주마처럼 앞만 보고 달려온 우리들. 화창한 날 파란 하늘을 올려다볼 여유가 있는지.

아름다운 석양을 보면서 자연의 아름다움에 감사할 마음의 여유가 있는지 생각해 보면 아쉬움이 많이 남습니다. 잠시 마음의 휴식을 가지고 주변도 둘러보는 여유를 가지는 건 어떨까요?

-Walter Hagen

Don't hurry. Don't worry.(서두르지 마세요. 걱정하지 마세요.)
You're only here for a short visit. (잠깐 왔다 가는 인생입니다.)
So don't forget to stop and smell the roses.(여유를 가지고 인생을 즐기세요.)

Apple of my eye.

우리말에 『눈에 넣어도 안 아픈』 이란 표현이 있습니다. 부모가 주로 자식을 얘기할 때 쓰는 표현인데요. 『눈에 넣어도 안 아플 정도로 소중한 사람』 을 'apple of my eye'라고 한답니다.

영어사전의 정의를 보시면, One's favorite person; the one you love most. (가장 소중한 사림. 가장 사랑하는 사람)으로 설명을 하고 있습니다.

고대 영어에서는 동공을 apple이라고 불렀답니다. 사과처럼 동그랗게 생겼기 때문이지요. 누군가를 바라보면 당신의 동공에 상대방의 모습이 반사가 됩니다. 그래서 'apple of your eye'라고 하면 즉, 그녀(또는 그)가 당신이 바라보기를 좋아하는 사람이라는 뜻이 되었다고 합니다.

예문을 볼까요?

Miranda is the apple of my eye - I love her more than anything on earth.
(Miranda는 내게 가장 소중한 사람이다. 나는 이세상에서 그 무엇보다 그녀를 사랑한다)

Her granddaughter is the apple of her eye.
(그녀에게 손녀는 가장 소중한 사람이다)

♠ 참고로 apple polisher는 아첨꾼(flatterer)을 의미하는 표현입니다.

남에게 악영향을 끼치는 사람, 나쁜 사람, 암적존재를 bad apple이라고 합니다. 그래서 어릴 때 엄마들이 나쁜 사람과 친구 하지 말라고 하지요.

Don't make friends with a bad apple!

Cold turkey

Cold turkey라는 말 들어 보셨나요?

Cold turkey란 (마약, 알콜, 흡연 등에) 의존하던 습관이나 안 하고는 못 배기던 (중독성의) 일을 갑자기 중단하고 더 이상 하지 않는 것을 의미하는 idiom입니다.

(The sudden, complete, giving up of an addictive drug, esp. as a method of withdrawal.)

이 표현의 어원은 『차가운 칠면조』는 미리 준비하지 않고도 갑자기 칠면조 샌드위치를 만들 수 있다는 데서 유래되었다고 하네요. 'Go cold turkey'. 'quit cold turkey'는 『(약물이나 알콜, 담배 등을) 단번에 끊는다』는 표현이구요. cold turkey자체가 『금단현상』을 의미하기도 합니다.

예문을 볼까요?

He quit smoking cold turkey.
(그는 흡연습관을 갑자기 끊어버렸다)

She stopped drinking cold turkey a week ago.
(그녀는 일주일 전에 단호히 술을 끊었다)

My sister went cold turkey from her addiction to chocolate.
(내 동생은 초콜릿을 단호히 끊어버렸다)

♠ 술을, 과식을, 담배를 끊기로 작정(resolution)하셨다가 며칠 만에 포기하시는 분들 많지요? 작심삼일을 영어로는 뭐라고 할까요? Short-lived resolution이라고 합니다. Cold turkey. 종종 접하실 수 있는 표현이니 기억해 두세요.

Seven-year itch.

미국 통계에 의하면 결혼생활 7년째 배우자를 속이고 바람을 피우거나 이혼하는 경우가 가장 많다고 합니다. 이에서 유래된 표현이 『권태기』를 의미하는 seven-year itch입니다.

이 표현은 1995년《The Seven Year Itch》라는 연극과 같우 해 마릴린 먼로가 주연한 같은 제목의 영화로 더 유명해지게 되었답니다.

우리나라에는《7년만의 외출》로 번역이 되어 들어왔습니다.

부부나 연인관계에 국한되어 사용되던 이 표현은 의미가 더 확대되어 직업 (working a full-time job), 집 (buying a house), 차 (buying a car) 등 오랜 기간을 거치면서 행복감과 만족감이 줄어드는 모든 경우에 사용이 된다고 합니다. 전문용어로『한계효용 체감의 법칙』이라고 하죠?

여러 상황에서 다양하게 응용할 수가 있겠습니다.

"She must have the seven-year itchy."
("그녀는 권태기 임에 틀림없다.")

"He started looking into the new model, he must have the seven-year itchy with his old car."
("그가 새로 출시된 모델을 보기 시작했어. 지금 타고 있는 차가 지겨워진게 틀림없어.")

I'm locked out.

여행관련 표현을 하나 볼까 합니다.

호텔방에서 문닫고 나왔는데 키를 방에 놔두고 나오는 일이 종종 있죠? 저는 아주 자주 그렇습니다.

그럴 때 프론트 데스크에 가서 뭐라고 하시나요? 이렇게 얘기하시는 분도 여러 번 보았어요.

"Key inside, me outside." 그래도 알아듣고 방 번호와 이름을 확인한 후 extra key를 발급해 줄 것입니다. 그냥 "I left the key in my room"도 무방하겠죠. 아주 간단한 표현이 있습니다. 딱 세 단어.

"I'm locked out"

"I'm locked out of my room"의 줄임 형태로 간편하게 사용하실 수 있으니 기억해두세요.

그러면 이제 응용을 해볼까요?

> "차문이 잠겼어"는 영어로 어떻게 하면 될 지 아시겠죠?
> ***"I'm locked out of my car"***
>
> 그럼 "키를 집에 두고 왔어요"는 바로 말하실 수 있지요?
> ***"I'm locked out of my apartment"***

어렵지 않습니다. 꼭 기억하셨다가 유용하게 사용하시길 바랍니다.

Read my lips.

뜻이 짐작이 되나요?

『내 말 잘 들어』라는 뜻의 관용어구입니다. Listen carefully보다 강한 표현이지요.

영어사전을 보시면, 약간은 무례할 정도로 상대방에게 집중해서 (paying close attention) 잘 들으라고 말할 때 쓰는 표현이라고 설명되어 있습니다.

청각장애자들(the deaf) 이 상대방을 이해할 때 read other person's lips를 하죠. 상대방이 말하는 입모양으로 말내용을 이해하는 데서 비롯된 표현입니다.

이 표현은 미국의 George Bush전 대통령이 선거 유세 연설 중에 사용하면서 더 유명해졌다고 해요.

"Read my lips, no new taxes." (제 말 잘 들으세요. 새로운 세금은 없습니다.) 라고 임팩트 있게 외쳤고, 지지자들의 힘을 얻어 당선이 되었지요. 그런데 대통령 당선이 되고 나서 재정적자를 줄이기 위해 세금인상을 승인하였고, 결국 재선에 실패하고 말았습니다.

예문입니다.

Read my lips! Do not ask any more questions!
(내 말 잘 들어요. 그리고 어떤 질문도 하지 마세요)

Read my lips! You're not having any more ice-cream.
(내 말 잘들어! 앞으로 아이스크림은 절대금지다!)

When my ship comes in.

『형편이 나아지면, 돈을 많이 벌게 되면』이란 뜻으로 미국인들이 일상생활에서 많이 쓰는 표현입니다.

19세기 Bristol은 영국에서 가장 큰 항구도시였습니다. 선원들이 항해 나가 있는 동안 상인들은 선원들이 귀항하기까지 부인들에게 물건을 외상으로 주었답니다. 배가 가족의 생계였던 그들에게는 남편의 선박이 "my ship"이었고, 가게에 외상을 할 때 "when my ship comes in"(배가 들어오면) 갚겠다고 약속을 했지요. (promised to pay the tab)

셰익스피어 《베니스의 상인》에서 안토니오는 친구가 돈을 빌려 달라고 부탁하자 "If my ship comes in(내 배만 들어오면)"하는 생각으로 고리대금업자에게서 돈을 빌려 친구에게 돈을 줍니다. 그런데 그 배가 실종됨으로써 이야기가 전개되어 나가지요. 요즘에는 이 표현이『때가 좋아지면, 상황이 좋아지면』(dreaming of better times)의 뜻으로도 쓰인답니다. 우리나라에도『홍콩에서 배만 들어오면』이라는 표현이 있지요.

예문입니다.

A : *Can you lend me 1 million Won, my friend?*
(친구야 나 백만원만 빌려 줄래?)

B : *How will you pay me back? You quit your job last week.*
(어떻게 갚으려고? 지난주에 직장도 그만 두었잖아)

A : *When my ship comes in.*
(형편이 나아지면\ 돈 많이 벌게 되면)

B : *Let me think about it.*
(생각 좀 해볼게)

Never say die

『절대 희망을 버리지 마세요』 『포기하지 마세요』 라는 뜻의 관용 표현입니다. 직역을 해도 감이 오시죠?

아직 성공의 기회가 있으니 실패로 받아들이지 말고 절대 포기하지 말라는 격려의 말입니다. Don't give up보다 더 강하게 와 닿죠.

예문을 볼까요?

Jill : ***I don't think I can finish this project in time.***
(이 프로젝트를 제시간에 마칠 수 없을 것 같아)

Jane : ***Never say die. You can make it!***
(절대 포기하지 마 친구. 넌 할 수 있어)

중간에 하이픈을 넣은 "never-say-die"는 『지지 않는, 불굴의』 라는 뜻의 형용사가 된답니다.

Never-say-die spirit 『불굴의 정신』 이죠. 우리가 좋아하는 정신입니다.

♠ 힘들어하는 친구들에게 이렇게 얘기해주세요.

"Never say die, buddie. We've been in worse situation than this."
(절대 포기하지 마 친구. 우린 이보다 더 어려운 일도 겪었잖아)

이 말과 함께요.

What doesn't kill you makes you stronger!
(어려움을 겪고 나면 더 강해진다)

You look like a million dollars

들어 보신 적이 있으신지요. 멋진 상대를 칭찬하는, 아주 멋진 표현입니다. 즉, 엄청나게 많은 액수의 금액만큼 또는 돈을 아주 많이 들인 것처럼 『상대가 멋져 보인다, 신수가 훤해 보인다』 라는 표현으로 기억하시면 되겠습니다.

예문을 볼까요?

You look like a million dollars in that dress, honey.
(당신 그 드레스를 입으니 정말 멋있어 보여요)

You look like a million dollars after the plastic surgery!
(성형수술 이후에 몰라보게 예뻐졌어요!)

관련된 칭찬 표현을 보시겠습니다.

You look gorgeous!
You look dazzling in that dress!
You look great!

♠ 서구 문화에서는 외모에 대해 칭찬을 자주 합니다. 하다못해 넥타이나 셔츠 색깔 등 사소한 부분에도 과하다고 느낄 정도로 칭찬을 합니다. 이에 반해 한국에서는 직접적으로 외모를 칭찬하면 민망해하는 정서가 있어서인지 칭찬에 많이 인색한 편입니다.

그러나 칭찬을 들으면 기분이 좋아지는 건 동서양, 문화적 차이를 초월한 인간의 본성이 아닌가 싶습니다. 상대방의 복장, 외모, 등등 (굳이 마음에 없는 말을 할 필요는 없지만) 멋지다고 생각되면 주저하지 말고 적극적으로 칭찬을 해주는 건 어떨까요?

Feel like a million dollars (bucks)

Look like a million dollars와 연관이 있는 표현이니 어떤 뜻인지 감이 오시지요? (신체적, 정신적으로) 상태 · 기분이 아주 좋다 라는 뜻의 관용 표현입니다.

(to feel extremely good, both physically and mentally)

비슷한 표현으로는 I feel wonderful, I feel great, I feel extremely good. 등이 있습니다.

예문을 보시겠습니다.

A quick swim in the morning makes me feel like a million dollars.
(아침에 잠깐 하는 수영에 기분이 아주 상쾌하게 된다)

A 30 minute workout at the gym before going to work makes me feel like a million dollars.
(출근 전 체육관에서 삼십 분 운동에 기분이 아주 상쾌하게 된다)

I feel like a million dollars today!
(오늘 기분이 날아갈 것 같이 좋다)

♠ 『행복해서 웃는 것이 아니라 웃어서 행복하다』 라는 미국 근대 심리학의 아버지 윌리엄 제임스의 유명한 명언도 있듯이 늘 긍정적인 생각을 하고, 잘 웃는 사람의 뇌는 행복하다고 느낀다고 합니다.

오늘 하루도 'feel like a million dollars' 하고 행복한 하루를 보내시기 바랍니다!!!

Over-the-hill

hill은 고개, 언덕. 즉 인생의 정점을 지났다는 뜻으로, 인생의 내리막 즉, 『한물간, 전성기가 지난』 이라는 뜻을 가진 숙어입니다.

(past the peak of one's youthful vigor and freshness. no longer young.)

예문을 볼까요?

You're only fifty! You're not over-the-hill yet. Some people seem over-the-hill at thirty.
(당신은 이제 겨우 오십이예요. 아직 한물간 건 아니에요. 어떤 사람들은 서른 살에 한물간 것처럼 보이기도 하죠)

Gran! You say you're over-the-hill, but you're still a super cook!
(할머니! 할머니는 한물갔다고 하시지만, 할머니 요리솜씨는 여전히 대단해요!)

*할머니(grandma)를 구어체로 gran이라고 합니다.

♠ 혹자는 이렇게 묻습니다. "over the hill은 몇 살부터인가?"

우선 인생의 절정기가 언제인지 생각을 해봐야 하겠죠. 수명이 연장되고, 그만큼 사회활동을 할 기간도 길어지고 있는 현대사회에서, over the hill은 마음가짐에 따라 그리고 하기에 따라 삼십 세가 될 수도, 칠십 세가 될 수도 있지 않을까요.

꽃으로 피었다가 시드는 인생과 열매를 맺는 인생 두 가지를 볼 때, 어떤 인생을 선택하느냐에 따라 열매를 맺는 노년기가 인생의 절정기가 될 수도 있는 것일테니까요. It's all up to you!

You made my day

크고 작은 일들로 우리는 주변사람들과 교감을 하며 감동을 주고받으면서 살아갑니다. 친구가 빵 터지게 우스운 얘기를 해줘서 즐거워졌거나, 작은 선물을 받고 행복해졌거나, 누군가의 특별한 칭찬에 기분이 좋아졌거나, 친구의 배려에 감동을 받았거나 그랬다면 상대방에게 이렇게 얘기하세요.
"You made my day. Thank you!"

『당신 덕분에 오늘 행복해졌어요. 고맙습니다』라는 뜻의 구어표현입니다. 참 예쁜 표현이죠?

(It means that someone has done or said something that made you very happy, and it made the day more special for you.)

칭찬, 감사에 대한 표현은 적극적으로 하자는 얘기는 여러 표현을 배우며 강조해 왔습니다.

예문을 볼까요?

Jeannie : ***Wow, I am so impressed by a bunch of flowers that you sent me. You made my day!!!***
(당신이 보낸 꽃다발에 감동받았어요. 당신 덕분에 행복합니다)

Pius : ***I'm glad you like it. You made mine with your message.***
(좋아한다고 하니 기쁩니다. 당신의 메시지에 제가 행복합니다)

♠ 나로 인해 누군가가 행복해졌다는 얘기를 들으면 정말 기분이 좋습니다. 주변 사람들에게 이런 표현은 많이 쓰고, 많이 들을 수 있는 그런 삶이 행복한 삶이 아닐까요? 또 한가지, 이 말을 들었을 때 뭐라고 할까요? 예문의 Pius의 대사를 주목해주세요. "You made mine with your comment" 센스 있는 답변이죠? 함께 기억해두세요!

You have a point.

Have a point는 『일리가 있다』라는 뜻의 표현입니다.

You have a point 하면 『당신 말에 일리가 있습니다. 그 점은 당신 말이 맞습니다』의 뜻이 되겠습니다.

You've got a point라고도 합니다. (I agree with you on that point.)

It makes sense와 같은 의미입니다.

예문입니다.

You have a point there, but it's not very convincing.
(네 말에 일 리가 있기는 하지만 충분히 설득력이 있는 건 아니야)

You have a point – let's wait until tomorrow before we make a decision.
(당신 말이 맞아요 내일까지 기다려보고 결정하는 것이 좋겠어)

♠ 회의나 대화 중에 상대방의 의견을 일방적으로 반박하기 보다는 우선 인정할 것은 인정을 하고 나서 자신의 의견을 주장할 때 사용할 수 있는 좋은 표현이니 잘 기억해 두셨다가 사용하시기 바랍니다.

I can relate to it.

경청의 중요성에 대해 전에 언급한 적이 있습니다. 그 다음으로 중요한 게 공감이죠.

대화의 상대가 하소연을 합니다. 그런데 나도 그런 경험을 했거나 비슷한 상황에 처해 있다면 『남의 일 같지 않네요. 무슨 말씀인지 충분히 공감이 갑니다』라고 얘기하지요.

이럴 때 영어로 하는 표현이 "I can totally relate to it."이랍니다.

I can totally relate to you는 I've been there too, so I totally understand your situation (나도 그 상황에 처해봐서 충분히 입장을 이해해)라는 의미가 담겨있습니다.

예문으로 보시겠습니다.

Don't worry, I can understand and relate to you completely.
(나도 너와 너의 상황을 충분히 이해하니까 너무 걱정 하지마)

I can totally relate to you.
(네 심정 충분히 이해해)

♠ 따듯한 인간관계는 상대에 대한 관심, 경청과 공감을 통한 소통으로 이루어짐을 다시 한번 잊지 말아야 하겠습니다.

공감의 표현을 자주 쓸 수 있도록 합시다.

That's the spirit!

"바로 그 정신이야!!" 무언가를 도전하거나 시도해보려는 사람에게 용기를 주는 표현입니다. 여기서 spirit은 『태도, 기상, 기백, 자세』 의 뜻으로 쓰였습니다.

예를 들어, 물을 무서워하는 친구가 수영을 배워 보겠다고 한다 거나, 친구가 시험에 두 번이나 떨어졌는데 "붙을 때까지 해볼 거야!"라고 말한다면 여러분은 "That's the spirit!! You can do it!!" 이라고 용기를 북돋워 줄 수가 있겠습니다.

예문으로 볼까요?

A : ***I will try until I can make it!***
(해낼 때까지 시도해 볼 거야!)

B : ***That's the spirit! You can do it.***
(바로 그 정신이야. 넌 할 수 있어!)

♠ Break the spirit 하면 『다른 사람의 감정을 상하게 하거나 결심(뜻)을 꺾다』 라는 뜻인데요 (to destroy someone's feeling of determination)

이런 표현은 우리가 좋아하는 긍정의 표현이 아니니 알아 두시기만 하구요.
응용을 해서, 힘든 처지에 놓였을 때, 상황이 힘들어질 때, 『이렇다고 우리의 정신(의지)이 꺾이지는 않지!』 라고 하려면 어떻게 하면 될까요?

"This cannot break our spirit!!!"이라고 기운 내시면 되겠습니다.

그럼 오늘도 힘들거나 짜증나는 일이 있어도

Never let them break your spirit!!!

Keep one's fingers crossed.

『행운을 바라다, 행운을 빌다』라는 많이 알려진 표현입니다. 행운을 빈다고 하면서 양손의 중지를 검지 위로 꼬는 제스쳐를 보신 적이 있나요?

손가락(one's fingers) 교차시키는 (crossed) 모양은 십자가의 형태를 대신한 것이라고 합니다. 기독교에서 비롯된 표현이지요. 중요한 일을 앞두고 있거나 어려운 일을 하고 있거나 힘들어하는 사람에게 기운을 주는 magic words 중 하나죠.

I'll keep my fingers crossed for you. 행운을 빌어요.

반대로, 상대에게 "행운을 빌어 주세요"라고 해볼까요?
"Please keep your fingers crossed for me"또는 "Please wish me good luck" 이라고 하면 되겠습니다

♠ 재산이 없어도 남에게 베풀 수 있는 7가지가 있다고 하지요. 화안시(和顔施), 심시(心施), 안시(眼視), 신시(身施), 좌시(座施), 찰시(察施), 그리고 그 중 하나가 언시(言施) 입니다. 바로 언시(言施)가 앞에 말한 Magic words입니다.

Magic words는 미국에서는 엄마들이 아이들이 어릴 때부터 귀에 못이 박힐 정도로 가르치는 말이지요. 사랑의 말, 칭찬의 말, 위로의 말, 격려의 말, 양보의 말, 사과의 말 즉 영어로는 "Please" "Thank you" "Excuse me" "You're welcome" "I'm sorry" 또는 우리가 지금까지 배웠던 "Hang in there" "Keep up the good work" " I'll keep my fingers crossed" 등이 있습니다.

대체로 우리나라 사람들은 대체로 이런 말들에 인색한 경우를 많이 봅니다. 말 한마디에 천냥 빚 갚는다고 인간관계를 따듯하게 만드는 (which costs nothing – 돈도 안드는) magic words를 적극적으로, 자주자주 쓰도록 합시다.

불교 경전 《잡보장경(雜寶藏經)》에 나오는 말로서 『재물이 없어도 베풀 수 있는 일곱 가지』를 의미 합니다.

❀ **무재칠시(無財七施) - 재물이 없어도 베풀 수 있는 일곱 가지** ❀

안시(眼施) : 따뜻한 눈빛으로 사람을 대하는 것

화안시(和顔施) : 부드러운 얼굴로 사람을 대하는 것

언시(言施) : 남에게 좋은 말을 해주는 것

신시(身施) : 힘든 일을 내 몸으로 때우는 것

심시(心施) : 마음의 온정을 주는 것

좌시(座施) : 먼저 잡은 자리를 내주어 양보하는 것

찰시(察施) : 남의 마음을 헤아려 그가 원하는 바를 도와주는 것

봄은 너의 몸부림에서 시작되는거야.
4월 창신동 어느 골목 담장 넘어로 다가온
봄을 느끼며.... … photo & essay by 才全

Big mouth.

입이 크면 말이 잘 새어 나간다고 생각해서일까요? Big mouth는 수다쟁이, 허풍쟁이, 특히 입이 싼 사람을 말합니다.

예문입니다.

A : ***What are you guys talking about?***
(너희들 무슨 얘기하고 있어?)

B : ***I'm not going to tell you. I know you have a big mouth!***
(말 안할거야. 너 입 싸다는 거 알고 있어)

♠ 구전마케팅 (word of mouth marketing 또는 big mouth marketing)에서 구전효과를 big mouth effect라고 하는데요. 광고 선전의 효과가 아니라 사용자가 직접 써본 경험이 또는 알고 있는 내용이 입 소문으로 번지는 효과입니다. 예를 들면 『그거 사서 써보니 무엇 무엇이 어떻게 좋더라』 라고 소문이 퍼지는 것을 뜻합니다.

주로 상업적 홍보에 많이 사용되는 방식입니다. 기업들이 고객들을 대상으로 단순히 제품을 소개하거나 체험하게 하는 것이 아니라 직접 마케팅에 참여시켜 자연스럽게 브랜드와 친숙해지게 하고 이를 통해 자발적으로 빅 마우스 (Big mouth) 역할을 하도록 하는 것이 그 목적이지요.

Big mouth자체는 좋지 않은 표현이라 할 수 있지만 고객을 우리회사에 대해 자랑하게 하는 big mouth가 되게 하는 것은 어렵지만 최고의 일이 아닐까요.

Without further ado

거두절미하고 핵심만 말할 때 "without further ado." 라는 표현을 써보세요.

ado [ədúː] 라는 단어는 야단법석 (fuss), 노고 (trouble), 곤란 (difficulty)을 뜻하는 단어이며, 보통 앞에 more/further 가 붙어서 함께 쓰입니다. "without further ado"는 『지체 없이, 더 이상의 말없이, 더 이상의 소동 없이』 라는 의미로 쉽게 표현하면 "without further talk" 입니다.

"Without formalities", "Without any other delay"는 공식적인 자리에서 자주 사용되는 표현입니다.

예문을 보겠습니다.

So, without further ado, please welcome Dr. Hamston.
(자, 소개는 이쯤해두고 Hamston 박사님을 모시겠습니다)

Without further ado, I would like to introduce today's speaker, James Kim.
(더이상 지체 말고 오늘의 강연자 James Kim을 소개하겠습니다)

♠ ado란 단어는 원래 중세영어 중에서도 북부 방언이지만, 셰익스피어의 희극 《헛소동(Much Ado About Nothing)》 의 제목에 들어간 덕택에 지금까지도 널리 쓰이는 단어가 되었다고 합니다.

much ado about nothing을 글자 그대로 풀어보면 『아무것도 아닌 일을 두고 벌이는 많은 소동』 인데, 『공연한 법석』 의 의미로 굳어버린 표현이지요.

Couldn't be better.

지금 기분이 어때요? "Couldn't be better." 결혼하니까 어때요? "Couldn't be better!" 『이보다 더 좋을 수 없다』 즉 『최고다』 라는 뜻의 표현입니다. It can't be better가 문법적으로는 맞는 말이지만, 구어체에서 "Couldn't be better"로 늘 쓰입니다.

How are you?에 대한 국민 대답 "I'm fine thank you, and you?" 학교 다닐 때 배웠고, 수십년 후에도 머릿속에 박혀있는 표현입니다.
이제 『파인 땡큐 앤유』 는 지워버립시다.

A : ***How have you been after your marriage?***
(결혼하고 나서 어떻게 지냈어요?)

B : ***Couldn't be better! I've never been happier before.***
(최고지요. 최고로 행복해요)

♠ 개인적으로 아주 다양하고도 많은 국적의 친구들이 있습니다. 제 경험상으로 인사말에 대한 대답은 그 사람의 성향을 나타내는 것 같아요. 같은 인사말에 무심코 내뱉는 대답들이 참 다양합니다.

"Not too bad" (그럭저럭 괜찮다), " So so" (그저 그렇다), "Good and busy" (바쁘게 잘 지내) , "Couldn't be better" (최고지) 라는 대답에서 그 사람의 성향, 삶에 대한 attitude (자세), 열정, 에너지 레벨 정도가 느껴지거든요. 또한 그 대답에 따라서 이어지는 대화내용 자체가 긍정적인 대화로 이어질 수도 있고 그 반대가 될 수도 있지요.

앞으로는 영어로 인사를 건네 오면 Couldn't be better! 라고 기분 좋게 대답하며 긍정에너지를 나누세요.

Under the weather

어르신들께서 날씨가 궂은 날에 허리, 무릎이 쑤시고 몸이 찌뿌둥하다고들 하시지요. 날씨의 영향을 받아 컨디션이 난조인 것은 동서양이 똑같은가 봅니다.

Under the weather『날씨의 영향 아래 있다』 즉 우리 어르신들께서 말씀하시는『몸이 찌뿌둥하다』에 정확하게 해당하는 표현입니다. 심하게 아픈 것은 아니지만, 몸이 안 좋거나 컨디션이 좋지 않은 상태를 나타내는 표현입니다. (Feeling a bit ill, sad or lack of energy)

이 표현은 옛날 뱃사람들에게서 시작되었다고 합니다. 선박에서 뱃멀미를 하는 (seasick) 선원은 갑판 아래로 내려 보내어 쉴 수 있게 조치가 취해졌다고 하는데요. 이 때부터 변덕스러운 해상 날씨 때문에 뱃멀미를 하거나 컨디션이 안 좋아지는 상황을 under the weather라고 표현하게 되었다고 합니다.

Paul : How are you today?
(안녕?)

Jack : ***Not good actually. I'm under the weather today.***
(사실 별로 안 좋아요. 오늘 컨디션이 별로 안 좋아요)

Paul : ***Oh.. Why don't you go home and get some rest?***
(오..그럼 집에 가서 좀 쉬지 그래)

♠ Under the weather는 몸이 안 좋다 외에 몸이 쳐지고 (feeling down) 기분이 우울하다 (depressed)의 의미도 포함됩니다. 다른 표현으로는 I'm not feeling well. 이라고도 합니다.

이럴 때는 뭐라고 대답해주면 좋을까요? "Anything I can help? I hope you get(feel) better soon" 이라고 해주는 매너, 잊지 마세요.

You have my word.

당신은 나의 말을 가지고 있습니다. 내가 한 말을 당신이 가지게 되는 것이니 이 말은 즉, 『나는 당신에게 약속합니다』 라는 의미입니다.

'You have my word.'라는 표현이 일반 구어에서는 더 자주 쓰입니다. 'Trust me, I promise.' 정도의 의미입니다.

같은 표현으로는 I gave you my word도 있습니다.

관련 표현을 볼까요?

H's a man of his word.
(그는 약속을 잘 지키는 사람입니다)

It's my word of honor.
(내 명예를 건 약속입니다)

♠ 혹자는 그냥 I promise라고 하면 될 걸 이런 표현들을 왜 굳이 공부해야 하나? 하시는 분도 있습니다. 틀린 말은 아닙니다. 우리가 원어민들이 일상생활에서 늘 사용하는 관용표현을 구사할 필요까지는 없다고 저도 생각합니다.

여행은 아는 만큼 보이는 법이고, 영어는 아는 만큼 들리는 법입니다. 구어체 표현들은 대화할 때 무리 없이 알아듣고 소통을 하기 위함입니다. 분명히 내가 다 아는 쉬운 단어로만 얘기했는데 못 알아듣는 문장들의 대부분이 구어체입니다.

You name it.

name은 이름이라는 뜻의 명사로 다 알고 계실 겁니다. Name이 동사로 쓰여서 『이름을 지어주다』 『이름을 대다』의 뜻으로도 쓰이지요.

'You name it.'하면 『무엇이든 말만 하세요. 우리는 다 갖춰져 있습니다』라는 의미의 표현이 됩니다.

예문 보겠습니다.

Husband : ***We can go to Jeju, Busan, or Sokcho for summer vacation. You name it.***
(남편 : 여름휴가로 제주, 부산 속초 어디든 갈 수 있어. 가고 싶은 곳 말만 해)

Wife : ***How about Hawaii?***
(아내 : 하와이는 어때요?)

Husband : …….
(남편 : 헉)

Husband : ***Would you mind helping me with something?***
(남편 : 좀 도와 주시겠어요?)

Wife : ***Absolutely! You name it.***
(아내 : 물론이죠. 뭐든지 말 만하세요)

♠ 비슷한 표현으로 "You're the boss."라는 표현이 있습니다. 『뭐든지 다 하겠으니 분부만 내리세요』라는 뜻입니다.

While you are at it.

이왕 하는 김에 (나간 김에, 뭘 사는 김에 등등)라는 뜻의 표현입니다. 유용하게 쓰일 수 있겠죠?

수퍼가는 길에 새우깡 좀, 부엌에 가는 길에 물 한잔만, 물에 손 댄 김에 이것 좀 씻어줘요 등등 아주 많은 경우 사용할 수 있는 표현입니다.

예문 보겠습니다

Pius : ***I will get you something to eat from E-mart.***
(이마트에서 먹을 것 좀 사 줄게)

Jeannie : ***While you're at it, can you get a bottle of wine for me please?***
(가는 김에 와인 한 병 좀 사다 줄래?)

Pius : ***Sure!***
(물론이지!)

♠ 응용을 하자면, "Let me do this for you while I'm at it." - 『내친김에 (하는 김에) 이것도 (당신 것도) 해드리지요』 라고 해도 되겠습니다

I don't buy it.

'나는 사지 않는다?' 무슨 뜻일까요?
『믿을 수 없다』 라는 뜻입니다.

'구입하다'라는 뜻의 'buy'가 구어로 쓰이면 '(의견, 설명 따위를) 믿다, 받아들이다'의 뜻으로도 쓰이게 됩니다.

우리가 물건을 구매할 때 『이 물건을 사면 내 돈이 낭비되지 않는다』 라는 확신이 들어야 돈을 지불하겠지요? 그런 의미로 이해하시면 "I don't buy it"은 **『믿을 수 없다』** 라는 뜻입니다.

아주 흔하게 쓰이는 구어 표현이니 꼭 기억해두시기 바랍니다.

예문 보겠습니다

Michele : ***Cindy, you're late again!***
(신디 너 또 늦었냐!)

Cindy : ***Sorry, the traffic jam was terrible.***
(미안, 차가 엄청 막혔어)

Michele : ***Same excuse again? I don't buy it!***
(또 같은 변명이야? 난 믿을 수 없어!)

♠ 반면에 "I'll buy that suggestion."하면 『그 제안을 받아들이겠습니다』 라는 뜻입니다.

Knock on wood

미국사람들이 흔하게 하는 미신적인 동작에서 비롯된 표현입니다.

어떤 좋은 일이 있거나 나쁜 일이 일어나지 않기를 기원하는 경우, 그리고 행운이 지속되거나 불운이 멈추기를 기원하며 하는 말입니다.

때로는 말 대신 행동으로 책상이나 나무로 된 부분을 가볍게 두드리기도 합니다. 영국에서는 touch wood라고 씁니다.

우리 말로 해석을 하면, **'부정이 타지 않길..' '행운을 빈다'** (상황에 따라) '제발 내게는 그 일이 벌어지지 말기를, 이 행운이 지속되기를' 등으로 해석이 됩니다.

예문으로 보시죠.

A : ***What happened to Jane?***
(Jane에게 무슨 일이 생긴 거야?)

B : ***Knock on wood, she just got a pink slip.***
(제발 나에겐 일어나지 않기를 바라지만, 그녀는 방금 해고 되었어)

A : ***Oh no..***
(저런..)

Our stock price is rising, knock on wood.
(우리 주가가 오르고 있어. 지속되길 빌어)

Get out of your comfort zone.

누구나 늘 내가 익숙해진, 내가 해오던 방식대로, 나의 스타일대로 살아가는 것을 좋아합니다. 내가 익숙하고 편한 환경에서 내가 추구하는 스타일에서 벗어나는 것을 좋아하지 않는 것은 당연한 일이겠죠.

내가 익숙해 있는 이런 환경, 방식, 스타일을 comfort zone이라고 합니다. Get out of ~ 는 ~에서 나오다, 벗어나다 라는 뜻이지요.

즉, get out of my comfort zone하면, 『내가 익숙한, 편안한, 나의 방식 · 환경 · 스타일에서 벗어나다』 라는 뜻입니다. 평범한 표현처럼 보이지만, 정말 중요한 내용이라고 생각합니다.

인간은 자신만의 comfort zone에 안주하고 싶은 욕구를 가지고 있고, comfort zone을 벗어난 change (변화)와 challenge (도전)을 본능적으로 회피하려고 한다고 합니다.

그러나 또 다른 한편으로는 위험하지만 comfort zone을 벗어나 새로운 도전지대를 찾아나서는 도전과 모험의 욕구가 공존하고 있다고 합니다.

성장을 위해서는 Comfort zone을 벗어나 (getting out of comfort zone) 위험을 감수하고 도전하는 것이 절대적으로 필요하다고 생각합니다.

굳이 위험감수, 도전 이런 거창한 말이 아니더라도, 일상 생활에도 적용이 될 듯합니다.

검정 옷만 고집하는 사람이 다양한 칼라를 시도하던지, 평생 안 해본 스포츠를 시도해 본다던지..

저는 개인적으로 숫기가 없어서 많이 친한 사람 아니면 먼저 다가가서 인사를 잘 못해요. 이런 습성을 고치고자 먼저 인사하려고 노력하는 것 또한 getting out of my comfort zone이 되겠죠.

Epilogue

제가 제일 좋아하는 명언으로 책을 마무리하겠습니다.

**"Live as if you were to die tomorrow.
Learn as if you were to live forever."**

- Mahatma Gandhi

『내일 죽을 것처럼 오늘을 살고 영원히 살 것처럼 새로운 것을 배우라』

머릿속에 큰 종소리 같은 여운을 주는 명언입니다.

"Once you stop learning, you start dying" (배움을 멈추는 순간 죽음이 시작된다)라는 유명한 아인슈타인의 말처럼, 우리는 살아있는 한 나이에 상관 없이 평생 배움의 끈을 놓지 말아야 할 것입니다.

또한, 마치 내일이 없을 것처럼, 오늘 하루 지금 현재에 모든 것을 걸고 최선을 다하며, 매 순간을 후회 없이 소중히 보내는 마음가짐으로 늘 하루 하루를 행복하게 만들어 가시길 바랍니다.

초대박
간단
현지영어

<부록>

“What doesn’t kill you makes you stronger. Hang in there!”
(어려움을 겪고 나면 더 강해지는 법이야 참고 견뎌봐!)

오늘은 마음의 평온을
저 만선에 실어 본다.
제주 가파도로 가는 배위에서... … photo & essay by 才全

책 속의 부록 『초대박 간단 현지 영어』는 저자가 실생활 및 비즈니스 상황에서 접하는 원어민과의 대화에서 사용했던 표현 중 세 단어 이내로 된 아주 간단하고 유용한 표현만을 모았습니다.

'So be it'이나 'all set' 등 쉬운 단어로 된 간단한 표현이지만, 접하지 않으면 뜻을 잘 모르거나 입에서 나오기 쉽지 않은 그런 실생활에 밀접하게 많이 쓰이는 표현들입니다.

내 표현으로 만들기 위해서는 눈으로만 읽지 말고, 반드시 예문을 입밖으로 소리 내어 읽어 보실 것을 추천합니다. 세번 이상 소리 내어 읽으면 기억이 오래가고 내 표현으로 만들 수 있게 될 것입니다.

영어 일상회화는 중학교 2학년 교과서에 나오는 어휘 수준이면 충분히 가능하며, 원어민도 쉬운 단어로 쉽게 표현을 한다는 것을 생각하면, 영어 말하기가 그렇게 어렵게만 느낄 것이 아니라는 걸 깨닫게 되실 겁니다.

자, 부담없이 본문을 소리 내어 읽는 습관을 들여보세요. 어느 새 나의 표현으로 만들 게 될 것입니다.

Don't bother

Don't bother 라는 표현은『성가시게 굴지 마』혹은『방해하지 마』라는 뜻이 아닙니다. 이것은『굳이 그럴 필요 없습니다』라는 상대방의 친절에 대해 거절하는 바로 그 표현입니다.

『응...? 아니 그게 왜 그런 뜻이 되나요?』해석하면 그냥『방해하지 마, 아닌가요?』라고 의문을 가지실 분들이 계실 겁니다.

비밀은 바로 그 Don't bother라는 말 뒤에 yourself가 생략되었다는 것! 그러니까『너 자신을 너무 괴롭히지 말라』는 말이 되고 의역하면 상대방의 친절에 대해『아이고, 그렇게 까지 하실 필요 없어요』가 됩니다.

Don't bother me. 하면『나를 귀찮게 하지 마세요』라는 뜻이 되지만 "Don't bother"는『굳이 그럴 필요 없습니다』라는 뜻이 되지요.

요긴하게 쓰일 수 있는 이 표현을 예문으로 보겠습니다.

A : *May I get you something to drink?*
(마실 것 좀 가져다 드릴까요?)

B : *Please don't bother. I will get it.*
(그러시지 않아도 됩니다. 제가 가져오겠습니다)

♣ 그냥 Don't bother보다는 magic word 잊지 않으셨죠? Please를 앞에 붙이면 훨씬 완곡한 표현이 되니 "Please don't bother"로 기억을 해주세요.

Hit home

『정곡을 찌르다, 적중하다, 급소를 찌르다, 가슴에 와 닿다』의 뜻입니다.

hit이라는 동사는『때리다, 치다, 타격을 가하다(strike), 맞히다, ~에 명중시키다』등의 뜻이 있는 우리가 아는 기본 동사입니다.

우리가 모두 아는 home이라는 단어가 부사로 쓰이면『정확한 위치에, 급소에(into correct / place position)"의 뜻이 있습니다. 이러한 뜻으로 사용이 되어 hit home이 적중하다, 정곡을 찌르다 라는 의미를 가지게 되는 것입니다.

예문으로 살펴보겠습니다.

His face went pale as her words hit home.
(그녀의 말이 정곡을 찌르자 그는 얼굴이 창백해졌다)

Telling personal stories might hit home to some people.
(개인적인 얘기를 하는 것은 몇 사람들에게는 가슴에 와 닿을 것입니다)

♣ pale은『창백한』이란 뜻인데요. go pale 하면『창백해지다』라는 의미입니다.

Beats me

무슨 뜻일까요?
미국 구어체에서 아주 많이 사용되는 표현입니다.

'beat'는 『패배시키다』 『당황하게 만들다』의 뜻을 가진 동사죠. 그런데 여기에서는 『도저히 모르겠다』 라는 뜻의 표현으로 "I don't know", "I have no idea"보다 더 강한 의미를 가집니다.

즉, 단순히 『모른다』 라기보다 "beat"이라는 단어가 내비쳐 『완전히 두 손 들었다』 라는 포기의 의미가 들어가 있죠.

원래 "It beats me."가 맞는 문장인데, 실용적인 미국인들의 언어습관상 주로 "It"을 생략하고 "Beats me"라고 합니다.

예문 나갑니다.

Jane : ***Tom, do you know why Peter is so upset this morning?***
(Tom, Peter가 오늘 아침에 왜 화가 났는지 알아?)

Tom : ***Beats me! I said hi to him he didn't even say a word to me.***
(도무지 모르겠는 걸! 인사했는데 한마디도 안 하던걸)

이제 누군가가 "Beats me"라고 하는 걸 들으시면 무슨 뜻인지 딱! 아시겠죠?
그런데 주로 일상대화에서 쓰이는 표현이므로 비즈니스 상황에서는 점잖은 표현이 아님을 알아 두시기 바랍니다.

Suit yourself

아주 많이 쓰이는 표현입니다. suit는 명사로 양복 한 벌 (수트)의 뜻도 있고, 소송 (lawsuit)이라는 뜻도 있습니다. 동사로는 『~마음에 들다, 만족시키다』, 『~에 맞추다, 어울리게 하다』 라는 뜻이 있습니다.

네 자신을 만족시켜라. 즉 『네 맘대로 해라』 『좋은 대로 하세요』 라는 의미로 일상회화에서 아주 많이 쓰이는 표현이랍니다.

같은 표현으로는 어떤 게 있을까요? "It's up to you." 또는 "Do as you like." 정도가 되겠습니다.

그러나 "Do as you like", "It's up to you"와 "Suit yourself"의 뉘앙스가 약간은 다르다는 점 기억하세요.

"Suit yourself"는 언뜻 보기에는 상대의 의사를 존중하고 허락하기 보다는 『네가 알아서 해라』 라는 무관심의 표현에 가까우니 비즈니스상 사용하실 때는 표정이나 제스쳐에 유의하시지 않으면 무성의하게 들릴 수도 있다는 점 기억하시기 바랍니다.

예문입니다.

Jay : ***Which color should I choose?***
(어떤 색깔을 고를까?)

Tom : ***I like both. Suit yourself.***
(난 둘 다 좋아. 네 맘대로 해)

Wing it

재미있는 관용 표현입니다.

우리가 알고 있는 wing은 『날개』 라는 단어죠. 동사로는 『신속히 보내다』 라는 뜻을 가지고 있어요.

그런데 wing 뒤에 it이 와서 Wing it 하면 뜻이 변하게 됩니다. 『(준비없이) 즉흥석으로 ~을 하다』 라는 뜻이 된답니다.

(do something without planning or preparing it)

이 표현은 19세기 말 연극인들 사이에서 시작되었다고 합니다. 대사를 못 외운 배우에게 무대 양 옆(right wing, left wing)에 숨어서 대사를 불러주면 『불러주는 대로 그냥 하라』 는 의미로 "wing it" 했다고 하네요.

예문으로 보시겠습니다.

A : ***Dear Mr. Kim, would you please deliver a short speech at our event?***
(김선생님, 우리 행사를 위해 축사를 좀 해 주시겠습니까?)

Mr. Kim : ***Oh, I didn't really prepare anything. I guess I willl have to wing it.***
(오, 제가 미리 준비를 하진 못했어요. 그럼 즉흥적으로 하겠습니다)

A : ***Thank you, Mr. Kim.***
(고맙습니다. 김선생님)

It backfired

세상만사가 내 맘대로 되면 얼마나 좋을까요? 나의 행동이 의도하는 바와는 엉뚱하게 완전히 역효과를 가져오는 경우가 종종 있지요. 그럴 때 영어로 뭐라고 할까요? 역효과…. Opposite effect, reverse effect, 등등이 떠오르시나요?

『역효과를 가져왔다』를 간단히 표현하면? "It backfired."라고 하면 됩니다. 모르는 단어는 아닌데 딱! 떠오르기가 쉽진 않죠.

backfire는 원래 엔진이나 차량이 갑자기 폭발음을 내는 것을 말합니다. 그런데 『역효과를 낳다, 엉뚱한 결과를 낳다』라는 의미로 많이 쓰입니다. 간단한 단어이니 기억해두시면 좋겠지요.

예문을 볼까요?

A : ***I bought underwear for my girlfriend's birthday gift and it backfired. She got angry at me.***
(여자친구 생일 선물로 속옷을 샀는데 역효과가 났어요. 그녀가 화를 내더군)

B : ***I wonder why.***
(왜 그랬을까)

A : ***Maybe the size. I chose small size.***
(사이즈 때문이었나 봐. 스몰을 골랐거든)

When a person has feelings of anger towards others, the intension to hurt them will eventually backfire.

(다른 사람을 미워하는 마음을 가질 때, 그들을 해치려는 의도는 결국 자신을 해치게 된다)

My bad

말이 안 되는 이 표현은 무슨 뜻일까요?

구어체에서 (자신의 실수를 인정하며) "내 잘못이야", "내가 잘못했어요" 할 때 이 표현을 씁니다.

(used when you are admitting that something is your fault or that you have made a mistake)

미국 드라마를 많이 보시는 분들은 귀에 익은 표현일 것입니다. 일반적으로 자주 쓰인답니다.

예문으로 볼까요?

A : ***Oh, someone just spilled your beer on my book!***
(누가 내 책에 당신의 맥주를 쏟아 버렸어요!)

B : ***My bad.***
(내 잘못이야.)

♣ 영어가 문법이 적절하지 않은 경우 broken English라고 합니다. 주로 영어를 모국어로 하지 않는 사람들이 구사를 하지요. 그런데 강조를 위해서 미국인들도 사용하는 경우가 종종 있습니다. My bad는 broken English이지만 하도 많이 통용되어 거의 숙어처럼 굳어진 표현입니다.

제대로 된 표현은 My mistake 또는 My fault가 되겠습니다. 미국 상류에서는 my bad라는 표현은 쓰지 않는다고 하네요.

그러나 대중적으로 많이 사용되는 표현입니다.

Call off

오늘은 비즈니스 영어에도 잘 어울리는 영어 해볼까요?

바로 call off입니다.
Call off는 cancel이라 뜻이랍니다.

『취소하다』 라는 의미의 call off!

A : ***Let's call off the meeting.***
(그 회의를 취소하죠)

B : ***Okay.***
(네)

●

A : ***Why don't we call off the trip?***
(그 여행 취소하는 건 어때?)

B : ***How come?***
(왜?)

●

A : ***We'd better call off the deal.***
(그 거래를 취소하는 편이 좋을 듯해요.)

B : ***I agree with you.***
(동의합니다.)

Fair enough.

상대방에 동의하거나 괜찮다는 표현이긴 하지만 약간 다른 뉘앙스입니다. 완전히 동의하는 건 아니지만 그 정도면 받아들이겠다는 의미입니다.

문맥에 따라서 『알았다』 『그 정도면 됐다』 『그런 거라면 할 수 없죠』 『그러죠 그럼』 정도의 뜻으로 풀이됩니다. Okay (괜찮아) 또는 It make sense (말되네, 일리가 있어)와 함께 같은 의미로 쓰입니다.

일상생활에서 아주 많이 쓰이는 표현이니 기억해두시기 바랍니다.

예문 보겠습니다.

A : ***Let's have dinner after we finish this.***
(이걸 끝내고 저녁 먹도록 하자)

B : ***Fair enough.***
(알았어요)

A : ***Would you accept my proposal?***
(제 제안을 받아들이시겠습니까?)

B : ***I am not completely satisfied with your proposal, however, fair enough.***
(당신 제안에 만족하지는 않지만 그 정도면 되었습니다)

Sugar-coat

직역하면 설탕을 바르다. 우리말로 『사탕발림을 하다』 라는 뜻의 단어로, 『(좋지 않은 상황을) 보기 좋게 꾸미다』 라는 뜻을 가지고 있습니다.

억지로 괜찮은 것처럼 포장해서 말하거나 긍정적으로 꾸며서 말하는 것을 말하는 표현입니다.

영영사전 정의를 보시면 정확히 이해가 됩니다.

To make something sound better than it really is.
[Urban Dictionary]

Make superficially attractive or acceptable.
[Oxford Dictionary]

예문을 보시겠습니다.

Provide clear information, it doesn't help to sugarcoat or minimize.
(명확한 정보를 알려주세요. 상황을 그럴듯하게 꾸미거나 축소하는 것은 도움이 안됩니다)

You don't need to sugarcoat it. Please tell me the truth.
(듣기 좋게 얘기할 필요 없어요. 진실을 얘기해 주세요)

♣ 『애써 그럴 듯하게 포장해서 말하지 말아요』 라고 말하고자 한다면 "Don't sugar coat me."라고 하면 되겠습니다.

After you (please)!

오늘은 매너 영어를 배워보겠습니다. 아주 쉽고 기본적인 표현인데 막상 상황이 되면 (몸에 베지 않아) 잘 안 나오는 표현이지요. 출입문을 들어갈 때, 엘리베이터를 타거나 내릴 때, 『먼저 가세요』 『먼저 하세요』 양보할 때 쓰는 표현입니다.

딱 두 단어로 매너남이 되어봅시다.

예문입니다.

(Entering an elevator.)

A : ***After you, please!***
(먼저 타시지요)

B : ***Thank you.***
(고맙습니다)

오늘부터 여성분에게나 동료에게 아니면 심지어 모르는 사람에게 출입문을 오갈 때 문을 잡아주거나 열어주며 미소를 머금고 한마디만 해보세요.

"먼저 가세요"

"After you, please."

나의 작은 배려 로부터 세상이 따듯해질 것입니다.

Follow through

이게 안되어 드라이버 비거리가 안 나서 고민이신 분이 많지요.

이 follow through가 우리가 골프에서 쓰는 『팔로우 쓰루』 외에 관용표현으로 쓰인다는 사실을 아시는지요.

『(이미 시작한 일을) 다 끝내다, 완수하다』 라는 의미가 있습니다. 주로 전치사 on · with가 따라와서 『~을 완수하다』 라는 표현으로 쓰입니다.

(To complete an activity, doing what was promised)

예문 나갑니다.

I wish you would follow through with the project we talked about.
(우리가 얘기했던 프로젝트를 네가 끝까지 완수하기를 바란다)

You never follow through!
(너는 끝마무리를 하는 법이 없구나 - 너는 꼬리가 없구나)

♣ 주어진 일을 깔끔하게 완수하는 것. 골프에서의 follow through 만큼이나 쉽지 않은 일인 것 같습니다. Follow through! 골프와 업무, 둘 다 열심히 해야 하겠습니다.

Sure enough

잘 기억해 두셨다가 유용하게 쓰실 수 있는 관용 표현입니다.
『아니나다를까』 『그럼 그렇지』 『말할 것도 없이』 라는 뜻의 표현입니다.

예문 나갑니다.

He said he left the book on the desk, and sure enough, there it was.
(그는 책상에 책을 두고 왔다고 했는데, 아니나다를까 책이 거기에 있었다)

I said that he would forget to bring an umbrella, and sure enough he did.
(그가 우산을 가지고 오는 걸 깜빡할 거라고 내가 이야기했는데, 아니나다를까 그는 깜빡 잊어버렸다)

♣ 완벽한 문장을 길게 구사하는 것 보다 적절한 상황에 짧은 표현 한마디가 더 중요한 경우가 많답니다.

장황하게 청산유수로 말 잘하는 사람보다 불쑥 던진 한 마디로 빵 터지게 하는 사람이 더 인기가 많은 것과 비슷한 원리겠지요.

짧고 유용한 관용표현은 꼭 기억하셨다 한번 직접 사용해 보시면 완전한 내 표현이 되고 영어에 자신감도 생기게 됩니다.

Stick around

모임이나 행사가 끝났는데 잠시 용건이 있어서 또는 얘기할 사람을 기다리느라 자리를 안 떠나고 잠시 남아서 기다리는 상황이 있지요. 그럴 때 사용하는 표현이 stick around입니다.

유용하게 쓸 수 있는 간단한 표현입니다.

예문으로 응용해 보겠습니다.

Please stick around for a while. I want to talk to you later.
(잠시만 여기서 있어 줘. 이따 할 얘기가 있어)

Everyone is getting out. Are you going to stick around for long?
(모두가 밖으로 나가고 있어. 넌 여기 오래 있을 거야?)

♣ stick은 우리가 말하는 스티커의 stick 즉, 『붙이다』 around는 『주변에』 그러니 직역하면 『어디 가지 말고 주변에(around) 붙어 있어라(stick)』 가 되겠죠.

Come clean

『(비밀로 하던 것을) 실토하다, 자백하다』 라는 뜻의 관용 표현입니다. (confess)

영화나 드라마를 보시면 꽤 자주 들으실 수 있는 표현입니다. 뜻과 표현이 연결이 되시죠?

예문입니다.

I want you to come clean with me about your financial status.
(난 네가 네 경제적 상황에 대해 솔직히 털어놓기를 원한다)

I know you lied to me. Come clean!
(네가 나에게 거짓말 한 거 안다. 사실을 털어놔)

♣ 비슷한 표현으로는 level with (someone) 『~에게 털어놓다』 가 있습니다.

뉘앙스의 차이가 조금 있다면 come clean은 숨겨왔던 것에 대해 솔직히 털어놓는 것이고, level with someone은 숨겼다기 보다는 좋지 않은 소식이나 정보 (unpleasant information)에 대해 솔직히 얘기를 하는 차이가 있습니다.

Enough said

『알아들었어요 (그러니까 그 얘기 그만해)』 라는 뜻입니다.

했던 얘기를 또 반복, 강조하거나 듣기 싫은 얘기, 훈계조로 하는 얘기 등을 들었을 때 우리는 이렇게 얘기하죠. 『알았다고요~~~~』 딱 이 느낌의 뉘앙스입니다.

일상생활에서 자주 쓰이는 표현입니다.

예문을 보겠습니다.

Jane : ***Honey, I really like this necklace. By the way, tomorrow is my birthday!***
(자기야 나 이 목걸이 정말 맘에 든다. 맞다, 근데 내일이 내 생일이야!)

Simon : ***Enough said.***
(알았다고~~~)

Big deal

Big deal은 직역하면 큰 거래. 관용적으로 쓰이면 『대수로운 일, 큰 일, 중요한 일이라는 뜻을 가지게 됩니다. 그러나 또한 (비꼬는 투로) 다른 사람들은 대수롭지 않게 생각하는 일로 부산을 떨 때 쓰이기도 합니다.

Big deal!
What's the big deal?
Not a big deal.
No big deal.

모두 같은 뜻으로 쓰입니다. 『그게 무슨 대수라고!』

예문을 보겠습니다.

What's the big deal about missing some classes?
(수업 몇 개 빼먹은 게 뭐 그리 대수죠?)

Sweetie, it's not a big deal. Cheer up!
(얘야, 그리 대수로운 일 아니니 기운내라)

♣ 아무 것도 아닌 일을 가지고 야단법석을 떠는 사람에게는 이렇게 얘기해주세요.

"Don't make a big deal out of nothing!"

That figures

『그럴 줄 알았다』 『이제 말 되네』 등 예상했던 일이 결과로 나타날 때 (상대방을 질책하는 어조로) 사용이 됩니다. "It figures"라고도 합니다.

간단하지만 짧고 강한 표현으로, 상황에 따라 아주 유용하게 쓰일 수 있는 표현입니다.

예문 나갑니다.

Bob : ***Tom was the one who broke the window.***
(유리창을 깬 건 Tom이야)

Bill : ***That figures. He's very careless.***
(놀랄 일도 아니지. 그는 정말 부주의해)

Ann : ***Mary was the last one to arrive.***
(Mary가 가장 늦게 도착했어요)

Sally : ***That figures. She's always late.***
(그럴 줄 알았어요. 그녀는 항상 늦는다니까)

♣ 반대로 "That doesn't figure"는 무슨 뜻일까요? "It doesn't make sense." 즉 『앞뒤가 맞지 않는 얘기야』 라는 뜻이 되겠습니다. 매일 늦는 친구가 제일 먼저 나타났을 경우 『이거 말이 안되는데』 『예상 밖인데』 의 뜻이 되겠지요.

함께 기억해두세요. "That doesn't figure"

Shit happens

미국에서는 흔히 쓰이는 슬랭인데요. 친한 친구들 사이에서는 자주 쓰이니 이런 표현이 있다고 알아 두기만 하셨으면 해요.

언짢은 일이나 재수없는 일 (우리도 소위 『똥 밟았다』 고 표현하지요)이 생겼을 때 쓰는 표현으로 『살다 보면 재수없는 일도 생기는 법이다』 정도의 뜻을 가지고 있는 표현입니다.

톰 행크스 주연의 영화 《포레스트 검프(Forrest Gump)》 기억하시나요?

포레스트 검프가 무작정 미국 전역을 달리기 시작하면서 그를 응원하는 사람들이 몰려들게 됩니다. 범퍼 스티커 사업을 하는 한 사람이 검프에게서 영감을 받을 생각으로 따라갑니다. 남자가 자신을 도와줄 수 없냐고 묻는 와중에 이 남자는 검프가 개똥을 밟았다고 알려줍니다.

남자 - Whoa! Man, you just ran through a big pile of dog shit!
(오 이런! 당신 방금 개똥 한 무더기를 밟았어요!)
검프 - It happens. (그럴 수도 있는 일이죠.)
남성 - What, shit? (뭐 가요, 똥 말인가요?)
검프 - Sometimes. (가끔은 요.)

이 남자는 후에 영감을 얻어 "Shit Happens"라는 스티커를 만들어 돈을 엄청나게 벌게 되는 내용이 나옵니다. 이 슬로건은 실제로도 미국에서 선풍적인 인기를 얻었다고 하네요.

♣ 저도 친한 친구들과 얘기하다가 간혹 쓰는데요. 친하다고 해도 공적인자리나 예의를 갖춰야 하거나 비즈니스관련 대화에서는 절대로 쓰지 마시라고 말씀드리고 싶습니다.

그럼 뭐라고 할까요? 일반적으로 "It happens." 또는 "Stuff happens."라고 씁니다.

Say when

송년회 시즌에 자주 쓰이는 표현입니다.

잔에 술이나 음료를 따라줄 때 『얼마나 따를까요』 (됐을 때 말해달라) 라는 표현입니다. Say when to stop의 줄인 표현입니다.

이에 대한 대답으로는 간단히 “when”이라고 하면 됩니다.

예문 읽어보세요.

Tom (pouring milk into Josh's glass) : ***Say when, Josh.***
(Tom 이 Josh의 잔에 우유를 따르며 - 그만 따라 주기를 원할 때 얘기해, Josh)

Josh : ***When.***
(됐어요)

♣ 그럼 영어 말하기를 한번 해볼까요?

『제가 따라 드리죠. 그만 따라야 할 때를 얘기해 주세요』

Let me pour it. Say when.이 되겠습니다.

All set

일상생활에서 정말 많이 듣고 쓰는 표현입니다.

옷 가게에서 계산을 마치고, 은행창구에서, 공공기관 창구에서 볼일을 마치고 매번 듣는 얘기입니다. "You're all set."

All set의 사전상 의미는 'completely ready'라고 되어 있는데요. 우리 정서상 느낌으로 『다 되었습니다』 라고 이해하시면 됩니다. 여기서의 상황상 문장은 You're all set to leave의 의미로 파악하시면 이해가 되시겠지요?

그럼 거꾸로 물어볼 수도 있겠죠?
Are we all set? Am I all set?

예문을 보시겠습니다.

Are you set to cook the steaks? Yes, the fire is ready, and I'm all set to start.
(스테이크 요리할 준비가 되었나요? 네, 불이 준비되었고, 저도 시작할 준비가 되었습니다)

Here's the receipt. You're all set.
(여기 영수증입니다. 다 되었습니다)

♣ 쉬운 표현이지만 처음 접하면 누구나 당황하게 됩니다. 모르면 You all set (유올셋)??? 이렇게 들리기도 하지요. 패스트푸드점에서 주문하는데 점원이 For here or to go? 물어보는데 잘 못 알아듣기가 다반사입니다. 『히어르고』로 들리니까요.

그래서 매일 표현 하나씩 접해두시면, 영어에 자신감이 생기게 된답니다. 그러니 꼭 내 표현으로 만드세요.

Meet (someone) halfway.

이런 표현 들어 보셨나요? 『~와 타협 · 절충하다』 라는 뜻의 관용 표현입니다.

『중간지점에서 만나다』 참 쉽게 표현하지요?

예문입니다.

I think we should meet halfway.
(우린 타협안을 찾아야한다고 봐)

You say $400, and I say $200, then, let's meet halfway at $300.
(당신은 400불 달라고 하고 난 200불이라고 하니 우리 300불로 중간 가격에 절충합시다)

♣ 『타협안, 절충안』 을 영어로는 middle ground라고 합니다. 그래서 "find a middle ground" 하면 『합의점을 찾다, 절충안을 찾다』 라는 뜻으로 meet halfway와 같은 뜻의 표현입니다. 함께 기억해두세요.

Common touch

무슨 뜻일까요?

대개 권력자 (man of power)나 유명인 (celebrity)들은 일반인들에게는 멀게 느껴지게 마련입니다. 대중에게 인기를 얻으려면 가장 중요한 요소가 무엇일까요? 아마도 서민성, 대중 친화력이 아닐까 합니다.

바로 이 서민성 또는 대중 친화력을 영어로 common touch라고 합니다.

영영사전에는 이렇게 설명하고 있습니다.

The ability of a rich or important person to communicate well with and understand ordinary people. [Cambridge Idioms Dictionary, 2nd ed.]

예문입니다.

He was a dedicated and brilliant leader but he lacked the common touch.
(그는 헌신적이고 훌륭한 지도자였지만 대중적인 친밀도가 부족했다)

♣ 일반적인 사람에게 “You have the real common touch.” 라고 하면 『사람의 마음을 사로잡는 매력이 있다』 『호감을 주다』 『인기가 있다』 라는 칭찬의 말이 됩니다. (=have the ability to appeal to the common people)

Slack off

『게을러지고 느슨하다, 늘어지다』 라는 뜻의 표현입니다. (to become lazy or inefficient) 반대표현인 『긴장을 늦추지 않다』 는 'Keep on one's toes' 'be alert'가 되겠습니다.

예문을 볼까요?

Workers tend to slack off on Mondays and Fridays.
(근로자들은 월요일과 금요일에 나태해지는 경향이 있다)

I slacked off during my summer vacation and I did nothing but eating and sleeping at home.
(여름휴가동안 게으름을 피우느라 집에서 먹고 자는 일 밖에 한 게 없어)

♣ 마음의 긴장을 푸는 것 (relax or loosen up)과 늘어지는 것 (slack off) 은 엄연히 다른 것입니다.

월요병처럼 게을러지고 나태해지고 싶을 때, 다시 한번 마음을 다잡고 긴장을 늦추지 않는 습관을 들여야 하겠습니다.

Drop names.

여러 사람들을 만나다 보면 자기의 인맥을 과시하기 위해 유명인이나 성공한 사람들의 이름을 들먹이는 경우를 종종 볼 수가 있는데요. 딱 여기에 해당하는 영어 표현입니다.

『(잘난 척하기 위해) 유명한 사람들의 이름을 들먹이다』 라는 뜻의 표현입니다. 어디를 가나 이런 사람들은 존재하나 봅니다.

예문 나갑니다.

Her habit of dropping names made everyone very skeptical about her veracity.
(그녀가 습관적으로 유명한 사람들 이름을 들먹이는 것을 보면서 모든 사람들은 그녀의 진실성에 대해 의문을 갖게 되었다)

He always tries to impress people by dropping the names of well-known movie stars.
(그는 늘 유명한 영화배우들의 이름을 들먹이며 사람들에게 인상을 남기려고 한다)

♣ 관련 표현으로 "He's full of hot air" (그는 허풍쟁이다) 라는 표현이 있습니다.

Big mouth는 『수다쟁이, 입이 가벼운 사람』 을 뜻하니 허풍쟁이와는 다른 개념이지요.

함께 기억해두시면 좋겠습니다.

Go figure.

Go and figure out의 줄인 말로 『거 참 이상해. 왜 그러지?』 라는 뜻을 가진 표현으로 생활에서 아주 많이 쓰이는 표현입니다.

영영사전 설명 보겠습니다.

It's really strange.; Just try to figure it out. [McGraw-Hill Dictionary]

예문을 볼까요?

She exercises everyday but she never loses weight, go figure.
(그녀는 매일 운동을 하지만 몸무게가 절대 빠지지 않는다. 참 이상도 하지)

This book is very boring, but it sells like hotcakes, go figure.
(이 책은 참 지루한데 날개 돋힌 듯 팔린다. 참 이상하기도 하지)

♣ TV나 영화를 보면, 일상생활에서 원어민들이 참 편하게 자주 쓰는 표현들입니다. 우리가 굳이 이런 표현을 구사할 필요까지는 없겠지만, 모르고 있으면 대화도중 어리둥절해서 문맥이 끊기기 십상이지요. 알고 있어야 할 표현입니다.

Accidentally on purpose

재미있는 표현입니다. accidentally는『우연히』, on purpose는『고의적으로』라는 뜻이지요.

이 두 표현이 조합이 되어『우연을 가장하여』,『뜻밖인 척하지만 고의적으로』라는 뜻의 표현입니다.

오래 전에 방영했던 미국드라마 제목이기도 합니다.

예문입니다.

They started the fire accidentally on purpose.
(그들은 사고를 가장하여 고의적으로 불을 질렀다)

Tom ran into Jane accidentally on purpose.
(Tom은 우연인 척 가장하여 Jane과 마주쳤다)

♣ 우연이나 실수를 가장하지만 고의로 행할 수 있는 행동에는 어떤 상황들이 있을까요?

악의적이지 않고 좋은 의도의 상황에서도 많이 쓰일 수 있을 것 같습니다. 좋아하는 사람에게 다가가기 위해 친구나 가족을 즐겁게 해주기 위해 등등 많이 있겠죠. 기억해 두셨다가 필요한 상황에 유용하게 사용하시기 바랍니다.

Take a backseat.

『뒷자리를 차지한다』 즉, 『나서지 않고 물러서다』 또는 『(다른 사람에게 중요한 위치를 주고) 뒷자리에 서다』 라는 뜻을 의미하는 표현입니다. Take a backseat 뒤에 전치사 'to'가 주로 함께 합니다.

영영사전 정의를 보겠습니다.

If you take a back seat, you allow other people to have all the power, importance, or responsibility. [Collins COBUILD Idioms Dictionary]

예문 보시겠습니다.

I'll be happy to take a back seat when Robin takes over.
(나는 기꺼이 Robin이 주도권을 잡도록 양보하겠다)

I decided to take a backseat to Jane and let her manage the project.
(나는 Jane이 그 프로젝트를 관리하도록 뒤로 물러나기로 결정했다)

♣ 관련 표현으로 backseat driver는 '쓸데없이 참견하고 도움 안 되는 충고만 하는 사람'을 일컫는 표현입니다.

또 하나, back-room boys도 있네요.
『(배후에서 주도권을 쥐고 결정하는) 막후 참모들』 이라는 표현입니다.

Take French leave.

무슨 뜻일까요? Take leave는 떠나다, 자리를 뜨다 (go away or leave)라는 뜻입니다.

프랑스식으로 떠나다? 왠지 유래가 있을 것 같습니다.

18세기 프랑스에서는 공식적인 행사나 사교파티 자리에서 먼저 떠날 때, 초대한 사람 (host or hostess)에게 인사를 안하고 자리를 뜨는 게 관습이었다고 합니다. 원래는 행사를 방해하지 않고 조용히 자리에서 일어나는 것이 호스트에 대한 배려라고 합니다.

그래서 "take French leave"는『(인사없이) 조용히 자리를 뜨다』라는 뜻의 관용 표현입니다.

예문을 볼까요.

Is Ray really ill again, or is he just taking French leave?
(Ray가 정말 다시 아픈 거야? 아님 그냥 조용히 먼저 간 거야?)

Excuse my French leave yesterday. I was not really feeling well.
(어제 말도 없이 사라져서 죄송했어요. 몸이 정말 안 좋았었습니다)

♣ 영국사람들은 'French leave'라고 표현하고, 같은 내용을 프랑스 사람들은 'English leave' (프랑스어로는 filer a l'anglais) 라 한다고 하니 참 재미있습니다.

Five finger discount

무슨 뜻일까요?

우리가 알고 있는 shoplifting (가게에서 물건 훔치기)를 뜻하는 재미있는 표현입니다. 즉, 돈을 지불하지 않고 다섯 손가락을 이용해서 물건을 슬쩍하는 것을 뜻합니다. 『다섯손가락 할인』 이라고 표현한 게 참 재밌습니다.

예문 나갑니다.

Sam used his five-finger discount to get the kind of ring Jane wanted.
(Sam은 Jane이 원하던 종류의 반지를 가게에서 훔쳤다)

She got this necklace by five-finger discount.
(그녀는 이 목걸이를 가게에서 훔쳐왔다)

♣ sticky fingers 또한 비슷한 표현으로 『좀도둑질, 도벽』 을 의미하여, 'have sticky fingers'하면 『손버릇이 안 좋다』 『도벽이 있다』 의 뜻이 됩니다.

우리가 평소에 쓸 일은 없는 표현이지만 영화나 드라마에서 종종 접하게 되는 표현이니 기억해두세요.

Sweet as pie

이런 표현 들어 보셨나요? 『(특별히 기대하지 않았는데) 아주 친절하고 다정한』 경우에 쓰는 표현입니다. "Nice as pie"라고도 합니다.

예문입니다.

I came in this morning expecting him to be furious with me and he was nice as pie.
(오늘 아침 도착했을 때, 그는 나에게 불같이 화를 낼 거라 예상했지만, 그는 의외로 아주 친절하게 대했다)

"After our argument, she was nice as pie!"
(논쟁이 있은 후 그녀는 놀라울 정도로 친절히 대했다)

♣ 보통 안 좋은 일이 있은 후에나, 분위기가 안 좋았던 상태에서나 아니면 훌륭한 서비스를 기대할 수 없는 그런 식당 또는 장소에서 예상을 깨고 의외로 친절하고 다정한 반전이 있는 경우에 쓰이는 표현입니다.

일반적인 sweet, friendly, nice, kind와 구분이 되시겠죠?

The penny drops

저도 좀 그런 편인데, 농담이나 복잡한 스토리에 대한 이해가 좀 느린 사람을 형광등이라고 하지요. 『의미를 잠깐 생각하다 뒤늦게 깨닫는다』 라는 의미를 영어로는 동전이 떨어진다 (the penny drops)고 표현합니다.

예문을 보시겠습니다.

She looked confused for a moment, then suddenly the penny dropped.
(그녀는 잠시 헷갈리는 듯 보이더니, 곧 갑자기 깨달았다)

"I sat and thought for a moment and then the penny dropped."
(나는 앉아서 잠시동안 생각에 잠겼다. 그러자 갑자기 생각이 났다)

♣ 『갑자기 떠오르다』 라는 뜻의 표현 ring a bell도 있습니다.

무언가가 갑자기 떠오를 때나 이해가 안되는 게 곰곰이 생각한 이후에 뜻을 알아차릴 때 벨소리, 동전 떨어지는 소리에 비유하는 점이 참 재밌습니다. 연관지어 함께 기억해두세요.

Up to par

골프에서 기준 타수가 par라는 것은 골프를 치는 모든 분들은 아는 내용입니다. Up to par는 골프의 기준 타수에서 유래하여 『정해진 기준에 부합되는』 『기대에 부응하는』 이라는 뜻을 가진 표현입니다.

par라는 단어는 『골프의 평균 타수』 외에도 『평균, 표준』 이라는 뜻이 있습니다.

예문입니다.

The manager said that the report was not up to par and gave it back to Mary to do over again.
(매니저는 보고서가 기준미달이라고 Mary에게 다시 해오라고 돌려줬다)

When your work is up to par we can review your salary again.
(당신의 업무성과가 정해진 기준에 부합되면 당신의 연봉을 다시 한번 검토할 수 있습니다)

♣ 같은 뜻의 표현으로 up to standard, up to scratch, up to snuff 등이 있습니다.

Up to par의 경우, 부정문의 형태로 자주 쓰입니다.

I'm not feeling up to par는 『요즘 몸 상태가 안 좋아, 컨디션이 안 좋아』 라는 표현으로 많이 쓰인답니다.

Ready to drop

무슨 뜻일까요?

극도로 피곤하고 지칠 때 이런 표현을 하지요. 『쓰러지기 직전이다』 『쓰러질 것 같다』 라고요. 이에 해당하는 영어 관용 표현입니다. 'fit to drop'이라고도 합니다.

예문입니다.

By the end of the day she was ready to drop.
(저녁 무렵 그녀는 지쳐 쓰러지기 직전이었다)

After completing his second novel, Francis was fit to drop.
(Francis는 두 번째 소설을 마친 후 완전히 녹초가 되었다)

♣ 그럼, 우리가 알고 있는 exhausted 외에 『녹초가 되다』 『기진맥진하다』를 뜻하는 다양한 표현을 좀 더 알아볼까요?

I'm fried. (피곤해 죽겠어.)

I'm wiped out. (나 완전히 녹초가 되었어.)

I'm feeling burnt out. (저는 극도로 피곤합니다)

한번씩 읽어 보시고 다양하게 사용하시기 바랍니다만, 무엇보다 이런 표현을 사용하실 일이 많이 없었으면 좋겠습니다.

So be it

여러가지 상황에서 자주 쓰이는 표현인데요. 『(체념, 승낙, 동의의 의미로) 그렇다면 할 수 없지』 라고 그대로 받아들이겠다는 뜻의 표현입니다. 아주 유용한 표현입니다.

“Let it be so, I accept it as it is.” 의 의미입니다.

예문 나갑니다.

If you can’t change the reservation, so be it; I’ll travel on Monday.
(만일 예약변경이 안된다면, 어쩔 수 없지. 월요일에 갈게요)

If she doesn’t want to get involved in this matter, then so be it. We can deal with it ourselves.
(만일 그녀가 이 일에 관여하고 싶지 않아 한다면 어쩔 수 없지. 그러는 수 밖에. 우리가 처리할 수 있어)

♣ 이 표현은 히브리어 『아멘』 의 영어 번역으로 사용되었던 표현이기도 했으며 현재의 의미로 사용된 것은 1600년전부터 입니다. [American Heritage Dictionary]

Ask for trouble

우리말에 『공연한 짓을 하여 화를 자초하다』 『고생을 사서하다』 또는 『긁어 부스럼 만들다』 라는 표현이 있지요. 이에 해당하는 영어 관용 표현입니다.

우리가 많이 쓸 일은 없어야 하겠지만, 일상적으로 흔히 쓰이는 표현입니다.

예문을 보겠습니다.

Stop talking to me that way, John. You're just asking for trouble.
(John, 내게 그런 식으로 얘기하지 마세요. 화를 자초하는 겁니다)

Drinking before driving is asking for trouble.
(운전하기 전에 음주를 하는 것은 화를 자초하는 것이다)

♣ 비슷한 표현으로 "ask for it"이 있습니다.

"I asked for it" 하면 『내가 내 무덤을 팠어요 (내가 화를 자초했지)』 라는 뜻으로 쓰이게 된답니다.

『내가 요구했어요』 라는 뜻의 표현이 관용적으로 쓰이면 전혀 다른 뜻으로 해석이 되니 문맥에 따라 이해를 잘 해야겠죠?

Draw a blank

재미있는 표현을 하나 배워보겠습니다.

늘 알고 있던 사람의 이름, 가족 전화번호, 회사이름, 지명 등 익숙한 단어가 갑자기 생각이 안 날 때가 자주 있죠? (Temporarily forget)

그럴 때 영어로는 'draw a blank'라고 한답니다. draw가 『그리다』 라는 의미로 많이 쓰입니다. blank는 빈칸을 의미하지요.

기억나시나요? 옛날 영어시험에서 『빈칸을 채우세요』 를 "fill in the blank" 라고 하였던…

그래서 draw a blank하면 '빈칸을 그리다' 가 되는 것이지요. 그렸는데 아무 것도 없는 빈 칸을 그렸으니 『아무것도 생각이 나지 않는다』 라는 뜻으로 기억하시면 되겠지요?

예문을 보겠습니다.

I've met him before, but I'm drawing a blank on his name.
(나 그 사람을 만난 적이 있는데, 이름이 갑자기 생각이 안 나네)

I totally drew a blank when she asked my home phone number.
(그녀가 우리집 전화번호를 물어봤을 때 갑자기 번호가 생각이 안 났다)

♣ draw는 절대 [드로우]가 아닙니다. [drɔː] 즉, [드뤄] 또는 [쥬뤄]에 가까운 발음입니다.

Call the shots

모르는 단어는 하나도 없습니다. 무슨 뜻일까요?

『결정하다 (결정권을 갖다), 자기 생각대로 지시하다』 라는 뜻의 관용 표현입니다.

예문입니다.

Who calls the shots around here?
(여기서는 누가 결정권을 가지고 있습니까?)

My mom calls the shots in the household.
(우리집에서는 엄마가 갑이다)

You call the shots and I will follow.
(네가 결정하면 내가 따를 게)

While the boss is absent, I call the shots.
(상사가 안계시는 동안에는 내가 결정권을 가진다)

소리 내어 읽어 보시면 도움이 많은 도움이 됩니다.

♣ Shot 대신에 tune을 써서 call the tune이라고도 합니다.

자주 쓰이는 표현이니 잘 기억해 두셨다가 당황하는 일 없으시 길 바랍니다.

Easy does it.

생소할 수도 있어요. 무슨 뜻일까요? 부산이 고향이신 저희 엄마가 자주 하시는 말씀 『단디 해라』 딱 이 느낌의 표현입니다.

『조심스럽게 해, 천천히 해, 살살해』 라는 뜻의 관용 표현입니다. 기억해두시면 잘 쓰실 수 있는 표현이죠?』 "Be careful"과 같은 표현입니다.

Used to tell someone to do something slowly and carefully.
[Cambridge Advanced Learners' Dictionary]

예문을 볼까요.

That table is very heavy. Easy does it!
(그 식탁은 아주 무겁다. 살살해)

(Moving a desk) Its' really tight in this doorway. Easy does it.
(책상을 옮기면서 - 출입구가 아주 비좁으니 살살하세요)

♣ "Easy does it." 주로 이 자체로 명령형으로 쓰이게 됩니다. 그런데 하이픈이 붙어 형용사형으로도 쓰인답니다.

easy-does-it approach to a problem 하면 『문제에 대한 신중한 접근방법』 'careful'과 같은 뜻이 되지요.

At all costs

『어떤 희생을 치르더라도』 『기필코』 라는 뜻의 관용어구입니다. 학창시절 배웠던 기억나시죠? 듣고 보면 내가 아는 표현인데 연습이 안되면 입밖으로 잘 나오질 않습니다.

예문 나갑니다.

The country must defend its borders at all costs.
(국가는 어떠한 희생을 치르더라도 국경을 지켜야 한다)

I intended to have that car at all costs.
(어떠한 비용을 지불해서라도 그 차를 구입하고자 했다)

♣ determination을 나타내는 다른 표현을 모아봤으니 다양하게 사용하시기 바래요.

At any cost
Without fail
No matter what
Under any circumstances

그리고, 제가 좋아하는 표현입니다.

Come what may

Not only that

참 많이 쓰입니다. 말을 하다가 『비단 그 뿐만 아니라』 『뿐 아니라~~~ 입니다』 라고 얘기할 경우가 아주 많지요? 보면 알지만 내가 필요한 상황에 딱 입에서 나오기 쉽지 않은 표현입니다.

오늘 몇 가지 문장 읽고 연습하셔서 내 표현으로 만드시기 바랍니다. 절대 어렵지 않습니다.

예문 나갑니다.

I love staying here. People are friendly. Not only that the weather is fantastic!
(난 여기 머무르는 게 좋아. 사람들도 친절해. 그 뿐만 아니라 날씨도 환상적이야)

I recommend that you visit the city hall area. There are lots of tourist attractions. Not only that there are many restaurants and shopping malls.
(시청부근을 가보라고 추천합니다. 관광명소가 많아요. 그 뿐만 아니라 많은 식당과 쇼핑몰들이 있어요)

♣ 학창시절 공책에 써가며 외웠던 Not only~ but also구문이 어렴풋이 떠오르시나요?

문법에 맞게 사용을 하려고 노력할수록 회화가 어려워지게 되어있습니다. 쉽게 풀어서 얘기하는 습관이 도움이 됩니다.

Something smells fishy.

『뭔가 수상해』 『수상한 냄새가 나는데?』를 영어로 말해 볼까요?

바로 그럴 때 "Something smells fishy"라고 합니다.

뭔가 수상하거나 의심이 나는 일이 있을 때 『수상한 냄새가 난다』라는 말을 곧잘 쓰지요 (suspicious). 영어에서도 이런 경우 특정한 냄새를 지칭해서 쓰는데요. 바로 'fishy' (비린내가 나는)를 쓴답니다.

예문을 보시겠습니다.

A : ***Something about the deal smelled fishy – too good to be true.***
(이 계약 건이 좀 의심스러운데, 조건이 너무 좋아 믿어지지 않을 정도야)

B : ***Why don't you double check the terms and conditions?***
(계약조건을 다시 한번 확인해보지 그래?)

♣ 그럼, 진짜 이상한 냄새가 날 때는 뭐라고 할까요? 이땐 funky라는 단어를 쓴답니다. 기억해두세요.

"Something smells funky" (뭔가 지독한 냄새가 나. 냄새가 고약해)

"Something is fishy" 라는 표현을 했는데 한글 자막에 "생선 냄새가 나"로 번역되어 있는 것을 보고 '헉'한 기억이 있습니다.

Knock it off.

"Stop it"과 같은 뜻의 관용어구입니다. 같은 뜻으로 "Cut it out"도 있습니다. 특히 신경 거슬리는 행동을 할 때 그만 좀 하라는 뜻을 내포하고 있습니다.

예문 나갑니다.

Oh, knock if off, John. I'm really not in the mood for your jokes.
(제발 좀 그만해 John. 나 진짜 농담할 기분 아니란 말이야)

The boys were making too much noise, so I told them to knock it off.
(아이들이 너무 소란스러워서 그만하라고 얘기를 했다)

♣ 그런데 이 표현은 일반적으로는 명령형으로 쓰입니다.

Cut it out! I'm sick and tired of your silly jokes.
(그만 좀 해! 쓸데없는 농담 지겨워)

knock it off 와 cut it out 모두 연음이 되어 발음되므로 익숙해져 있지 않으면 못 알아들을 수도 있습니다. 참고로 knock-off 라는 단어가 있습니다. 『짝퉁』이란 뜻이지요. 이런 단어는 이상하게도 안 잊어버리고 오래 기억이 되는 게 참 신기합니다.

Eat my hat

모자를 먹다? 굶어 죽는 한이 있어도 모자를 먹지는 못하겠지요. 우리말로는 『내 손에 장을 지지다』 또는 『내가 성을 갈겠다』 에 해당하는 표현이 되겠습니다.

『~할 일은 절대로 없다』 라는 의지를 나타내는 재미있는 표현입니다.

I will eat my hat. (내 손에 장을 지지다니..) 좀 무섭습니다.

예문입니다.

A : ***Do you think Sean will come on time?***
(Sean이 시간 맞춰 올 것 같으니?)

B : ***Well, if he's here on time, I will eat my hat. He's always late.***
(음.. 만약 그가 시간 맞춰 온다면 내가 손에 장을 지진다. 그는 늘 늦어)

♣ hat은 모자의 뜻 외에 구어에서 직업, 직함의 뜻도 가지고 있습니다.

I wear two hats.

『나는 두 개의 직업을 가지고 있다』 라는 뜻이 되겠습니다. 함께 알아 두세요.

Let it go

무슨 뜻일까요?

직역하면 그것을 그냥 가게 하다(보내다) 라는 뜻이니, 결국『그쯤 해 두다』『더 이상 문제삼지 않다』라는 의미가 되겠습니다. Let it go (at that)의 생략형입니다.

(say or do nothing more about something)

예문 나갑니다.

Please let it go just this once.
(제발 이번 한번만 봐주세요.)

I will not let it go this time.
(이번엔 그냥 넘어가지 않을거야)

♣ 아주 쉬운 단어 세 개만으로 이런 뜻이 나오니 참 신기하죠? 이 정도는 그냥 통으로 외우면 될 것 같아요. 발음은 [렛 잇 고] 이렇게 독일식이 아닌 [레리꼬] 하시면 되겠습니다.

참고로 let go of something 하면 ~~을 보내주다, 놓아주다 라는 뜻이 되겠습니다.

Level with someone

우리에게는 좀 생소한 표현일지도 모르겠습니다만 구어체에서 일반적으로 사용되는 표현중의 하나입니다.

level이라는 단어가 동사로 쓰여 "level with 사람"이 되면 『~에게 솔직하게 다 털어놓다』 라는 뜻이 됩니다. 영화나 미국 드라마를 보시면 종종 들으실 수 있는 표현입니다.

level이라는 단어는 우리가 알고 있는 『수준, 단계, 층』 라는 의미 외에도 형용사로는 『(높이, 위치, 가치 등이) 대등한』 그리고 동사로는 『평평하게 하다, 무너뜨리다, 동등하게 만들다』 등 다양한 의미를 가지고 있는 단어입니다. 그런 level에 with 다음 사람이 오면 『솔직히 털어놓다』 라는 뜻을 가지게 된다는 점 기억해두세요.

예문입니다.

A: ***I'm all ears. Please level with me, then I can help you.***
(난 들을 준비가 되어있어. 나에게 다 털어놓으면 내가 도와줄 수 있어)

B: ***Okay, I will. I don't have a choice.***
(알았어요, 그렇게 할게. 선택의 여지가 없네요)

Grab a bite

일상에서 많이 쓰이는 구어 표현인데요. 『간단하게 요기하다』 라는 뜻의 표현입니다.

Grab은 움켜쥐다. Bite는 『한 입 베어 물다』 는 뜻이지요. 그러니 『빨리 간단하게 뭘 먹다』 라는 의미입니다.

레스토랑같은 음식점에서 식사를 하는 것과는 개념이 다른, 아주 간단하고 빠르게 요기를 한다는 것을 말합니다.

예문입니다.

A : ***Let's grab a bite before we hit the road.***
(출발하기 전에 간단히 요기 좀 하고 가자)

B : ***That's a good idea.***
(좋은 생각이야)

♣ hit the road 기억나시나요? 『(여행을) 떠나다, 출발하다, 길을 나서다』 라는 뜻의 표현입니다.

기억을 오래 하고, 완전한 내 것으로 만드는 방법은 복습밖에 없습니다. 아주 단순한 진리입니다.

Neck and neck.

『목과 목?』이라고 하면 의미가 안 통하는 경우가 많겠지요?

스포츠 경기 또는 경주에서『막상막하』『박빙』을 뜻하는 표현입니다.

경마에서 선두를 다투는 두 말의 모습을 그려보세요. 결승전에 뛰어 들어오는 두 마리의 목이 카메라에 나란히 놓여있을 정도로 우열을 가리기 힘든 막상막하라는 뜻입니다. 그럼 기억하기 쉽겠죠?

예문 보겠습니다.

Tom and John finished the race neck and neck.
(Tom과John은 그 경주에서 막상막하로 골인했다)

They were neck and neck in the polls.
(그들은 여론 조사에서 박빙의 승부였지)

A : ***Who's winning the game?***
(누가 이기고 있어?)

B : ***They are really neck and neck. We don't know yet.***
(정말 막상막하야. 아직 몰라)

Get the picture

상황파악이 되다, 감 잡다, (상황을) 이해하다 라는 뜻의 관용 표현입니다. 상대가 어떤 상황을 열심히 설명해 주거나 묘사해 줄 때 말 그대로 그 상황이 (머릿속에 그림이 그려지는 정도로) 이해했다는 뜻이 내포되어 있습니다.

비슷한 표현은 다음과 같습니다.
I understand. / I got it. / I see.

예문입니다.

A : ***Now you understand my story?***
(이제 내 이야기가 이해가 되니?)

B : ***Oh, I get the picture now. I'm always like that.***
(아 이제 감 잡았어요. 난 늘 그렇다니까)

♣『큰 그림을 보아야 한다』는 말을 가끔 듣지요. 영어에서도 big picture는 똑같이 "the overall view" "the whole situation"을 말합니다.

Right now, forget the details and take a look at the big picture.
(지금은 세부적인 사항들은 잊어버리고 전체적인 상황을 한번 봅시다.)

Looking at the big picture is crucial in these highly competitive times.
(큰 그림을 보는 것이 요즘의 과도한 경쟁시대에는 아주 중요합니다.)

Here's the deal

『우리 이렇게 하자』 또는 『좋은 생각이 있어』

의견을 제안하는 표현입니다. (Let's do this way. How about~~?)

많이 쓰이는 표현이니 여러분도 잘 기억하셨다가 사용해보세요.

예문 나갑니다.

Jane : ***You've got better idea?***
(더 좋은 생각 있어?)

Tom : ***Okay, here's the deal. I will go get the ticket while you wait in the line.***
(좋아 이렇게 하자. 네가 줄 서서 기다리는 동안 나는 가서 표를 사올게요.)

A : ***I want to have Sushi.***
(난 스시를 먹고 싶어)

B : ***I want to have pizza.***
(난 피자)

C : ***Okay, here's the deal. Why don't we go to the food court and have what you want?***
(좋아 이렇게 하자. 푸드코트에 가서 각자 원하는 걸 먹으면 어떨까?)

You lost me.

영화를 보다 보면, 아니면 대화 중에 이런 표현을 들어 본 적이 있는지요? 구어체로 자주 쓰이는 표현인데요,

직역하면 『너는 나를 잃었다』 즉 『(대화 중) 네가 나를 잃어서 (내가) 이해를 못하겠다』 라는 뜻입니다.

“I'm lost”는 『길을 잃었다』 지요. 근데 “You lost me” 하면 『잘 못 알아들었어요』 『무슨 뜻인지 이해가 안돼요』 라는 표현입니다.

“I don't understand what you're saying”과 같은 표현입니다.

예문으로 보시죠.

A : ***I'm sorry you lost me.***
(죄송하지만 무슨 말인지 이해가 안 가는데요.)

B : ***Okay let me paraphrase the question. Listen carefully.***
(좋아요. 그 질문을 쉽게 다시 설명할 테니 잘 들어봐요)

♣ paraphrase는 『(이해를 더 쉽게 하기 위해) 다른 말로 바꾸어 표현하다.』 라는 뜻의 동사입니다.

I'm telling you.

쉬운 표현이면서도 자주 쓰이는 구문입니다.

주로 "I'm telling you" + 문장 이 따라와서 이 문장이 사실임을 강조하는 역할을 합니다.

뜻은 『정말이야. 사실이야』 라고 강조를 하는 관용표현이지요. 『분명히 말해 두는데 정말이야』 라는 뜻을 가지고 있습니다.

I mean it (정말이야), seriously (진정으로)와 같은 뜻의 표현입니다.

예문으로 볼까요?

I'm telling you, you better listen to me.
(정말이야, 내 말을 듣는 게 나아)

♣ 관련 표현으로 "I told you!" 는 어떤 뜻일까요?

『거 봐』 『내가 뭐라고 했지?』 라는 뜻으로 어떤 말을 했는데 그 말 그대로 이뤄진 경우에 쓰는 표현이 "I told you!" ("거 봐 그럴 줄 알았다니까"의 느낌이 강합니다)

"I'm telling you", "I told you!" 아주 쉬운 표현이지만 입에 익지 않으면 그 상황에서 쉽게 입 밖으로 잘 안 나오죠. 몇 번 읽어 보시고, 나의 표현으로 만들어 보세요.

Call it quits

Call it quits는『그만하다』『포기하다』라는 뜻의 관용 표현입니다.

quit은 동사로『중단하다』『그만두다』의 뜻인데요. 여기서는 명사로 쓰여『중단, 정지』의 뜻으로 쓰였습니다.

예문으로 볼까요?

I'd better call it quits.
(그만두는 것이 좋겠다)

Time to go home now. Let's call it quits.
(이제 집에 갈 시간이야. 그만하자)

♣ 수업이나 업무의 일과를 끝낼 때『오늘은 이만 합시다』라는 표현은 “Let's call it a day”라고 합니다.

Call it quits와 비슷하기는 하지만『하루의 일과를 끝내고 오늘은 여기까지, 오늘 일과는 그만합시다』라는 의미의 표현으로는 “Let's call it a day”가 더 적절한 표현이랍니다.

On the house

치맥 아시죠? 치킨집에 가면 서비스 안주가 먼저 나오지요. 공짜로 가게에서 주는 음료, 안주 등등을 우리는『서비스』라 하지요. 그래서 간혹, 영어로도 이거 서비스인가요? “Is this service?”라고 묻는 사람도 있을 수 있습니다.

우리가 말하는『서비스』가 영어로는 바로 ‘on the house’라고 표현한답니다.『내가 쏠께』를 영어로는 “It’s on me” 라고 on이라는 전치사를 쓰지요.

가게에서 지불한다는 의미로 “It’s on the house”라는 표현을 씁니다. 여기서 house는 집이라는 뜻 외에 식당이라는 의미도 있거든요. 식당, 술집, 또는 호텔에서 자신이 내가 주문한 것 외에 다른 게 나왔을 때 이게 (우리의 표현)서비스인지 확인하고 싶으시다면, 이렇게 물어보시면 돼요.

“Is this on the house?”

♣ 어느 식당에 갔는데 “Drink on the house” 이렇게 써 있다면 이젠 무슨 뜻인지 아시겠지요?

Join the club

무슨 뜻일까요?

최근에 다른 직장을 알아보고 있는데, 친구가 신세 한탄을 하며 직장을 옮기고 싶다고 합니다. 그럴 때 "Join the club" 하고 맞장구를 치는 표현입니다.

『나도 마찬가지야』 라는 뜻의 구어적 표현입니다. 『같은 신세인 사람끼리 계나 만들자』 라는 표현을 우리도 하지요?

비슷한 맥락에서 나온 표현입니다. "Welcome to the club"이라고도 합니다.

예문을 보시겠습니다.

A : *I've got no money until the end of this week.*
(이번 주말까지는 개털이야)

B : *Join the club!*
(나도 마찬가지야!)

-

♣ "I can relate to that"와 함께 격한 공감의 표현으로 사용될 수 있겠지요?

비슷한 상황에 처한 상대방을 위로할 때 쓸 수 있는 표현이니 잊지 마시고 기억해두세요.

지은이

송현진

20대에 국내, 외국항공사 승무원으로 근무하며 세계를 다녔고, 30대는 IT 분야로 이직을 하면서 업무로 해외를 다녔다. 학업과 업무를 병행하며 30대 말에 창업을 하고, 40대에 되어서야 사람과 함께 어울리는 즐거움을 배우게 되었다.

45세라는 늦은 나이에 결혼과 출산을 하면서 삶의 진정한 기쁨과 행복을 깨닫고 한 기업의 대표이사로서, 한 아이의 엄마로서, 더 바쁘지만 더 즐거운 삶을 매사에 감사하는 마음으로 살아가고 있다. 서강대 정보통신대학원 MIS석사과정과 Stony Brook 뉴욕주립대 MBA 과정을 통해 IT와 경영학을 공부했고, <상우재>를 통해 중국 인문고전에 입문하여 석천서원(石泉書院)에서 심도 있게 고전을 공부했다.

앞으로도 꾸준히 배움의 길을 계속하고, 좋은 마음으로 글을 쓰고, 그 활동이 불우한 아동들을 위한 돕기 위한 기부활동으로 이어지는 선 순환이 되는 그런 날이 오기를 진정 바라며 노력하고, 실천하고 있다.

이동춘

캐나다, 미국에서 십 수년 글로벌 IT 회사에 근무하며 살아본 경험이 있다. 인생의 3분의 2를 영어를 사용하는 환경에 접하다 보니 한국어 보다는 영어가 더 편하고 자연스럽기도 하다.

캘리포니아 주립대 컴퓨터 사이언스 석사과정과 와튼스쿨 Executive MBA 과정을 거쳤으며, 삼성종합기술원, IBM, Oracle, Cisco 등 글로벌 IT · 소프트웨어 기업 임원, 중견그룹 CEO를 역임했고, 동국대학교에서 교수로 재직했다. 현재는 한국 기업들의 해외상장을 돕는 글로벌 finance consulting을 하고 있다.

언제나 과중한 일속에 묻혀 있으면서도 뭔가 중요한 것들이 많이 놓쳐지고 부족한 것이 많다는 것이 느껴질 무렵, <상우재>를 통해 고전을 배우게 되었고, 경영과 고전을 접목하여 가르침을 받는 내내 깨달음이 참 좋았다. "인생 2막은 남을 돕는 일을 하라. 그래야 자식이 복을 받는다"는 말에 따라 시작한 이 일이 그 첫걸음이 되길 바란다.

고전, 영어를 만나다

초판 발행 2019년 3월 25일

지은이 송현진 이동춘

펴낸이 정유진

펴낸곳 no book

주 소 경기도 수원시 영통구 광교중앙로 145 A432

전 화 031-8025-9200 팩 스 050-4211-8560

https://blog.naver.com/nobookorea

이메일 nobookorea@gmail.com

출판등록 2018년 7월 27일 제2018-000072호

디자인 hartbak design 인 쇄 새한문화사

ISBN 979-11-965237-4-9(03190)